*Trudi Schmid · Perlen*

© 1991
AT Verlag Aarau/Schweiz
Fotos: Jörg Müller, Aarau
Gesamtherstellung:
Grafische Betriebe
Aargauer Tagblatt AG, Aarau
Printed in Switzerland

ISBN 3-85502-416-2

Trudi Schmid

# PERLEN

*Ein Werk- und Ideenbuch*

*AT Verlag*

# Inhalt

Seite 17

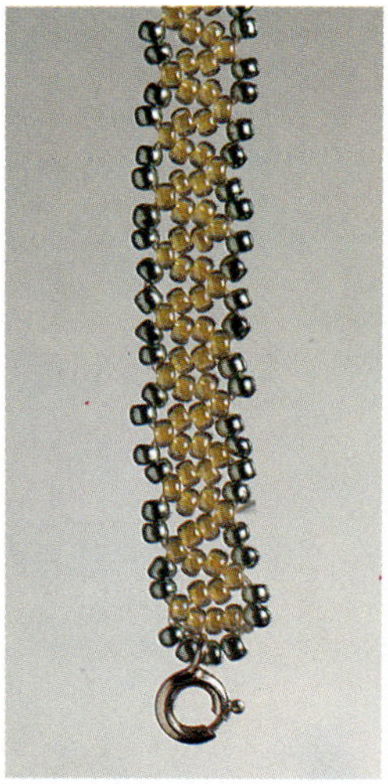

Seite 20

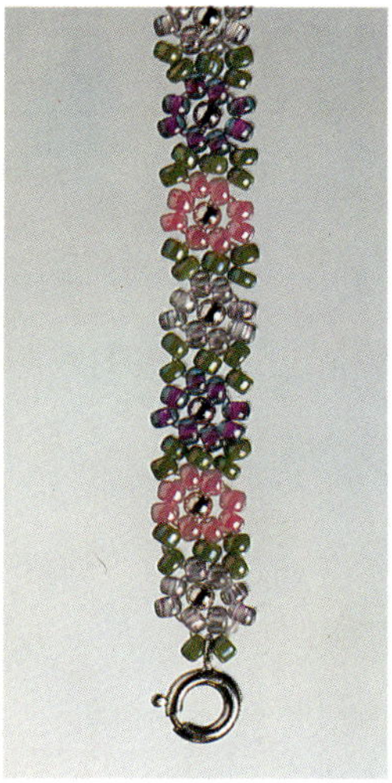

Seite 24

Seite 26

Seite 71

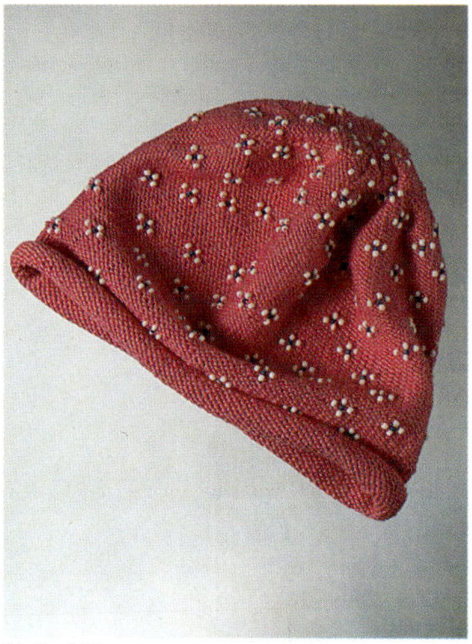

Seite 75

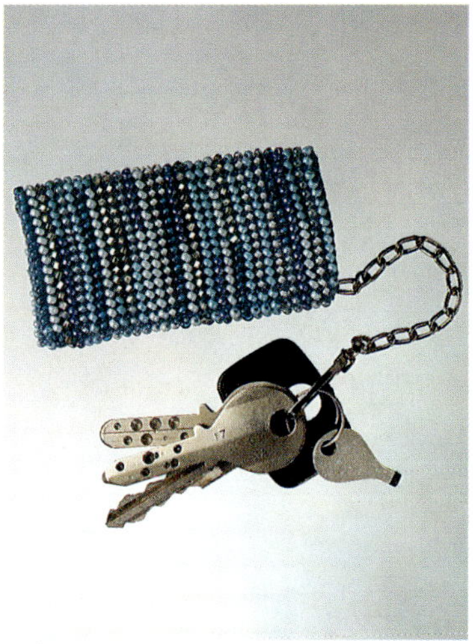

Seite 81

Seite 29

Seite 37

Seite 65

Seite 85

Seite 92

Seite 97

# *Vorwort*

Liebe Leserin, lieber Leser...

Eigentlich hätte ich es wissen müssen: Die kleinen, farbigen Kügelchen – für die es wohl nur die anspruchsvolle Bezeichnung Perlen gibt – faszinierten mich auch noch, nachdem mein Buch «Arbeiten mit Perlen» erschienen war. Einfallsreiche Kursteilnehmerinnen sind mitbeteiligt, dass nun ein neues Buch mit Perlenarbeiten vorliegt. Anregungen und Ideen führten zu neuen, reizvollen Gegenständen. Dreimal wurde eine Anleitung aus dem ersten Buch variiert; das Ergebnis war so überraschend, dass ich es Ihnen nicht vorenthalten möchte. Es sind die kleinen Portemonnaies auf Seite 65, das Rollmützchen auf Seite 75 und Marie-Josés Blumenkette auf Seite 24.

Selbstverständlich setzt dieses Buch in keiner Weise Kenntnisse aus dem ersten voraus. Alle Anleitungen sind sorgfältig geschrieben und auch wieder von kritischen Frauen ausprobiert. Allen diesen Frauen danke ich sehr herzlich.

Es bleibt mir, liebe Leserin, lieber Leser, Ihnen viel Freude und viel Vergnügen bei der Beschäftigung mit den zauberhaften Perlen zu wünschen.

Richterswil, Januar 1991                     Trudi Schmid

# Gut zu wissen

**Perlen**

Es gibt völlig verschiedene Perlen in unterschiedlichen Verpakkungen (Gläschen, Döschen, Schächtelchen oder Säckchen) zu kaufen.

Die gebräuchlichsten – sie werden Rocailles genannt – sind entweder durchsichtig (transparent) oder undurchsichtig (opak). Manchmal sind die Schächtelchen numeriert: Perlen Nr. 9 sind etwas grösser als Nr. 11. Man kann sich jedoch nicht darauf verlassen, dass Perlen einer bestimmten Numerierung oder zumindest alle Perlen im gleichen Schächtelchen dieselbe Grösse haben. Zudem sind viele Perlen gar nicht numeriert.

Es ist also nicht ganz einfach, Perlen einzukaufen. Zwar ist man fasziniert, wenn man im Laden vor den Perlen steht: Sie sehen sehr verlockend aus. Aber sobald man einige Farben aussuchen möchte, wird es schwierig, sich zu entscheiden: Soll ich bunt wählen oder in einer Farbreihe bleiben? Opak oder transparent? Oder beide mischen? Kleine oder grössere? Wie Sie sich auch entscheiden: Sie sollten nicht nur auf die Farbe achten. Es ist von Vorteil, das Schächtelchen auch aus der Nähe zu betrachten und vor allem die Grösse der Perlenlöchlein zu prüfen. Sind diese ganz unterschiedlich, d. h. teilweise fast geschlossen, so sollten Sie darauf verzichten, auch wenn Ihnen die Farbe noch so gut gefällt.

Zudem sollten wir bereits beim Einkaufen an die Perlenarbeit denken, die wir in Angriff nehmen möchten:

• Für Halsketten oder Lämpchen (siehe Seite 29 und 37) können ohne weiteres Perlen unterschiedlichster Grösse (auch Stiftperlen, siehe Foto) aufgefädelt werden.

• Für das Perlen-Einstricken dürfen die Perlen wohl verschieden gross, jedoch nicht zu klein sein, weil sie sich sonst im Gestrickten fast verlieren.

8

- Eingehäkelte Perlen hingegen können nur dann ein wirksames Muster ergeben, wenn alle Perlen möglichst gross sind.

**Faden**

Meine ersten Perlenketten habe ich fast ausschliesslich auf den angenehmen Mettlerfaden, silk-finish, 24/3, 100 % cotton, aufgefädelt. Dieser Faden kann allerdings von den manchmal etwas scharfen Rändern der Stiftperlen angeschnitten werden.

Seither kenne ich die Barbobs-Perlenaufreihseide. «Seidig» ist zwar nur der Glanz. Der Faden, der auf kleinen, sehr praktischen Röllchen (der Faden kann sich nicht selber abwickeln) à 52 m erhältlich ist, besteht aus unzähligen, leicht zusammengedrehten Kunstfäserchen und wirkt leicht gewachst.

Dieser Faden eignet sich auch hervorragend für die Fransen der Lampenschirme (siehe Seite 38/39). Wenn nämlich die Perlen in umgekehrter Richtung noch einmal aufgefasst werden, kann es leicht vorkommen, dass der erste Faden angestochen wird. Dank den losen, aber sehr starken Fäserchen dieses Fadens lässt sich die Franse gleichwohl anziehen.

Dieser Faden eignet sich auch sehr gut für Fadenschlingen (siehe Seite 11).

**Garn zum Häkeln und zum Stricken**

Grundsätzlich eignet sich jedes Garn, auf das die Perlen überhaupt aufgefädelt werden können, also zum Beispiel Schulgarn, Rosanna, Marisa, Baslergarn usw.

Gehäkelte Schlüsseletuis und Geldtäschchen werden jedoch am schönsten, wenn Perlgarn Nr. 8, doppelt genommen, verwendet wird. Weil wir also zwei Knäuel kaufen müssen, ist es ein bisschen teurer als anderes Garn, besticht jedoch durch seine Weichheit und Fülligkeit, und der fertige Gegenstand ist ganz besonders ebenmässig und schmiegsam – «richtig sinnlich», meinte eine Kursteilnehmerin entzückt.

━ ● ━ ● ━ ● ━ ● ━ ● ━ ● ━ ● ━ ● ━

**Tip**

Bevor wir mit dem Auffädeln anfangen, sehen wir den Faden etwas genauer an. Die Perlen lassen sich nämlich nicht über einen allfälligen Knoten schieben. Der Knoten müsste in diesem Fall weggeschnitten werden; die Perlen müssten wir neu auffassen und das Garn wieder einsetzen. Wenn also am Knäuel ein Knoten sichtbar ist, empfiehlt es sich, das Garn bis zu dieser Stelle abzuwickeln, abzuschneiden und wegzulegen.

━ ● ━ ● ━ ● ━ ● ━ ● ━ ● ━ ● ━ ● ━

**Nadeln**

Perlennadeln (Beading needles Nr. 10) sind länger als die herkömmlichen Nähnadeln. Deshalb lassen sich mit ihnen viel mehr Perlen auf einmal auffassen. (Es spielt übrigens keine Rolle, wenn sie sich schon etwas verbogen haben.)

Es ist manchmal recht knifflig, den Faden in das schmale Öhr einzufädeln. Am besten gelingt es, wenn wir den Faden abschneiden, mit den Zähnen flach beissen, zwischen Daumen und Zeigefinger klemmen, so dass er fast nicht mehr zu sehen ist, und dann das Nadelöhr über den Faden stülpen. (Ein Metall-Einfädler kann erstaunlicherweise durch das schmale Öhr geschoben werden. Wenn jedoch der Faden durchgezogen wird, geht häufig das Nadelöhr oder der Einfädler kaputt.)

Die Barbobs-Perlenaufreihseide lässt sich gut, nötigenfalls sogar doppelt einfädeln, was uns sehr zugute kommt, wenn wir eine Fadenschlinge (siehe Seite 11) herstellen wollen.

Stricknadeln: Es kommen nur dünne Stricknadeln in Frage, Nr. 2 oder 2½, und natürlich verwenden wir für die kleinen Gegenstände kurze Stricknadeln aus einem Spiel. Wir müssen eher fest stricken.

Häkelnadeln: Die richtige Wahl der Häkelnadel ist wichtig. Wenn wir Nr. 2 verwenden, so sollte sie einen gleichmässig dünnen Schaft aufweisen (siehe × in der Abb. Seite 11 oben), weil sonst die Maschen zu locker werden.

Wenn wir eine Häkelnadel in der Art verwenden, wie sie z. B. für umhäkelte Deckchen gebraucht wird, so genügt Nr. 1,5, weil der Schaft nach hinten etwas dicker wird.

**Verschlüsse**

Für feine Halskettchen eignen sich Federverschlüsse (links) oder ganz kleine Karabinerhaken (rechts).

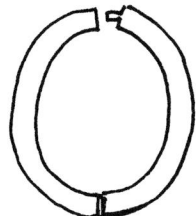

Einzelne zu einem Kreis geschlossene Perlenschnüre können in beliebiger Anzahl miteinander verdreht und in einen Twist-Verschluss eingehängt werden. Auf diese Art lässt sich der Halsschmuck beliebig variieren (siehe Seite 26).

Ein Twist-Verschluss ist ein Ring (kreisförmig oder oval), der sich an einer Stelle öffnen lässt. Es gibt ihn in verschiedener Ausführung zu kaufen, auch versilbert oder vergoldet.

■ ● ━ ● ━ ● ━ ● ● ━ ● ━ ● ━ ● ● ■

**Tip**

Es ist von Vorteil, bereits im Laden zu prüfen, ob der Verschluss gut zusammenhält.

■ ● ━ ● ━ ● ● ━ ● ● ━ ● ● ━ ● ● ■

**Die Fadenschlinge**

Wenn wir Perlen einstricken oder einhäkeln wollen, so müssen zuerst alle Perlen auf den Faden des Knäuels aufgefasst werden. Allerdings gelingt es selten, eine Nähnadel zu finden, die so fein ist, dass sie mit dem eingefädelten Garn durch die Perlenlöchlein gezogen werden kann; Nadelöhr <u>und</u> Garn bleiben meistens stecken.

In diesem Fall hilft uns der <u>Fadenschlingentrick</u>: Wir fädeln einen doppelten starken Faden (z. B. Barbobs) so in eine Perlennadel Nr. 10 ein, dass er eine Schlinge bildet, und hängen den Anfang des Häkelgarns in diese Schlinge ein.

Die Perlen lassen sich so über die dünne Fadenschlinge auf das Häkelgarn schieben. (Übrigens werden auch echte Perlen mit einer noch feineren Perlennadel auf diese Weise aufgefädelt.)

**Eine Perle zuviel aufgefasst**

Wenn wir beispielsweise einen Mustersatz von 14 Perlen einhäkeln, also abwechselnd 7 helle und 7 dunkle Perlen, kann es natürlich vorkommen, dass wir uns während des Auffädelns verzählt und zum Beispiel 8 statt 7 helle Perlen aufgefasst haben.

In diesem Fall können wir eine Perle zerdrücken oder zerschlagen. Damit das Garn aber möglichst nicht von den kleinen Splittern zerschnitten wird, stecken wir eine <u>Stecknadel</u> in die überzählige Perle. Dann legen wir die Perle zwischen die beiden Teile einer Schere und drücken die Schere zu.

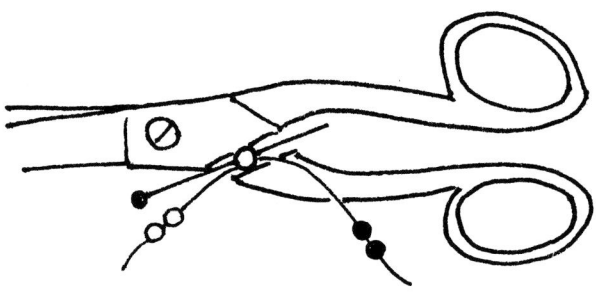

(Es ist empfehlenswert, das Gesicht etwas abzuwenden, denn manchmal springen die Splitter. Das gilt natürlich auch dann, wenn wir statt der Schere einen Hammer oder einen Stein verwenden.)

### Eine Perle zu wenig aufgefasst

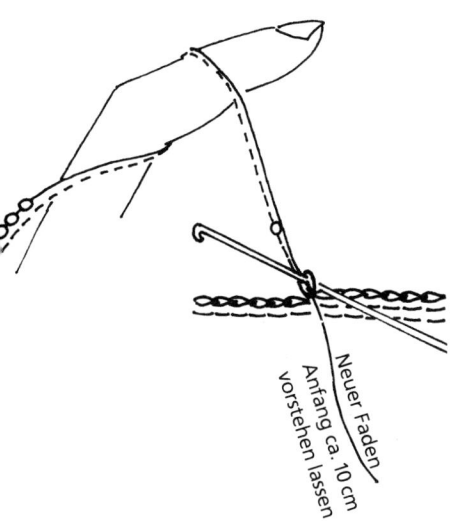

Neuer Faden
Anfang ca. 10 cm
vorstehen lassen

Wenn wir allerdings eine Perle zuwenig aufgefasst haben, wäre es nicht sinnvoll, den ganzen restlichen Mustersatz (in unserem Beispiel wären dies 13 Perlen) zu zerschlagen.

In diesem Fall setzen wir neu ein: Wir lassen vom Faden etwa 15 cm vorstehen und schneiden ihn ab. Auf dieses Fadenstück (es ist in der Abbildung mit — — — gezeichnet) fädeln wir die fehlende Perle auf.

Nun legen wir dieses Fadenstück <u>mit</u> dem Faden des Knäuels (an dem wir etwa 10 cm vorstehen lassen) um den linken Zeigefinger. Dann stechen wir in die Masche, schieben die Perle dicht an die Häkelei, holen mit der Häkelnadel <u>beide</u> <u>Fäden zugleich</u>, lösen dann das Fadenende vom Zeigefinger, holen den Faden und ziehen ihn durch die doppelte <u>und</u> die einfache Masche, schieben die nächsten Perlen heran und häkeln weiter.

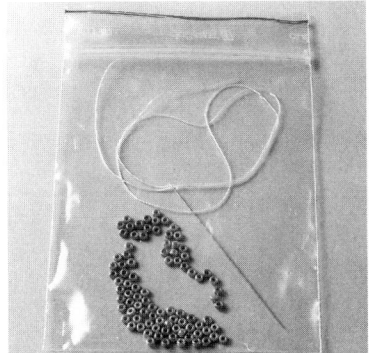

### Tip

Wenn ich einen Gegenstand mit einem bestimmten Mustersatz häkle, so habe ich stets ein Minigrip-Säcklein mit einigen wenigen Perlen jeder vorkommenden Farbe und einer Fadenschlinge bei der Häkelarbeit.

**Vernähen der Fäden an aufgefädelten Perlenketten**

Das Vernähen geht wohl am besten, wenn wir die entsprechende Stelle auf dem Zeigefinger der linken Hand festhalten, mit der noch immer eingefädelten Nadel neben dem Knötchen einstechen (wir müssen dieses evtl. ein wenig zurückziehen) und 2–3 Perlen auffassen (1).

Wir ziehen die Nadel heraus und fassen an der Ausstichstelle den Faden des Kettchens auf (2), ziehen die Nadel aber nur so weit heraus, dass eine kleine Schlinge stehen bleibt.

Diese Schlinge fassen wir auf (3) und ziehen den Faden gut an.

Auf diese Weise vernähen wir das Fadenende 3–4mal, fassen zuletzt noch einige Perlen auf und schneiden dann den Faden ab.

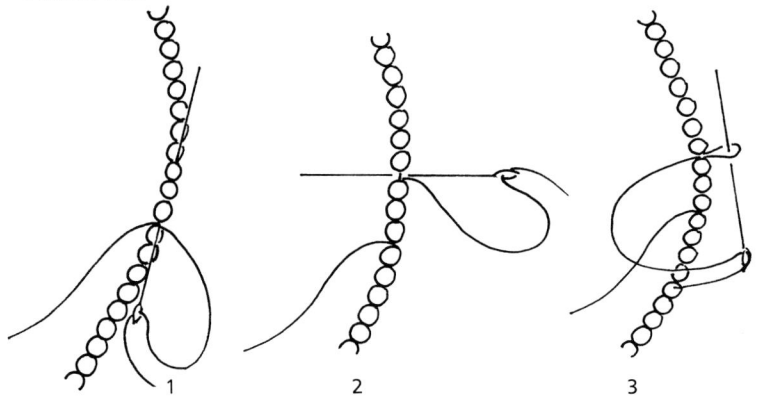

1          2          3

**Tip**

Wenn ich den ersten Faden abschneide, lasse ich vorläufig noch ein kleines Fadenstück stehen, damit ich sogleich sehe, in welche Richtung ich bereits vernäht habe.

Das andere Fadenende wird – in anderer Richtung – ebenfalls vernäht, und die Fadenenden werden abgeschnitten.

**Einsetzen eines neuen
Fadens an einem
genähten Perlenband**

Ein Arbeitsfaden von ca. 1,30 m Länge reicht für ein Armkettchen. Ein Collier braucht natürlich einen längeren Faden. Es
bleibt Ihnen überlassen, ob Sie sich mit einem etwa 3 m langen
Faden abmühen oder auf halber Strecke einen neuen Faden
einsetzen wollen.

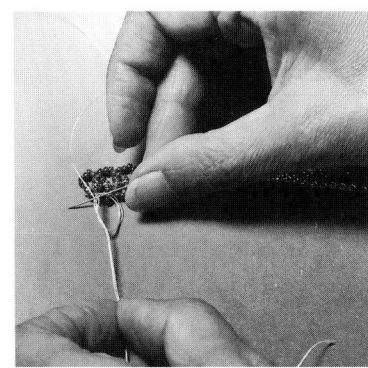

In diesem Fall bilden wir mit
dem Ende des alten und dem
Anfang des neuen Fadens eine
Schlinge, schieben die Schlinge mit einer Stecknadel dicht
an die Perlen (siehe Foto) und
ziehen erst jetzt die Fadenenden gut an. Die Fäden werden
später einzeln vernäht (siehe
Seite 14).

**Arbeitsfläche**

Das Vergnügen an der Beschäftigung mit Perlen wird um so
grösser, je besser wir unsere Arbeitsfläche einrichten. Auf einer
glatten Unterlage rieseln die Perlen, die wir aus dem Döschen
kippen, nach allen Seiten und entwischen der Nadelspitze, mit
der wir sie auftupfen sollen, immer wieder. Auch eine bunte,
unruhige Unterlage erschwert die Arbeit.

Geradezu ideal ist ein weisses, nicht zu grob gewobenes
Leintuch, dreimal zusammengelegt (also 8fach): Es hat auch
auf einem eher kleinen Tisch Platz, denn es darf auch herunter-
hängen. Die Perlen sind darauf gut zu sehen und leicht aufzu-
tupfen, weil sie nicht entwischen können. Auch für die Hände
und Handgelenke ist die Stoffunterlage sehr angenehm.

Und nicht nur während des Auffädelns der Perlen leistet uns
die Stoffunterlage gute Dienste: Für ein gehäkeltes Schlüsseletui beispielsweise braucht es eine aufgefädelte Perlenstrecke
von 1,90 m Länge. Bevor wir überhaupt mit dem Häkeln beginnen können, müssen die Perlen in Reihen von etwa 20 cm
immer weitergeschoben und auf einer sehr langen Garnstrek-
ke verteilt werden, denn eine einzige feste Masche verbraucht

eine Fadenlänge von 2,2 cm! Damit während des Weiterschiebens die Garnknäuel nicht überall herumzwirbeln können, lege ich sie in ein Papier- oder Plastiksäcklein, das ich mit einer Stecknadel an der Tischkante bzw. an der Stoffunterlage befestige.

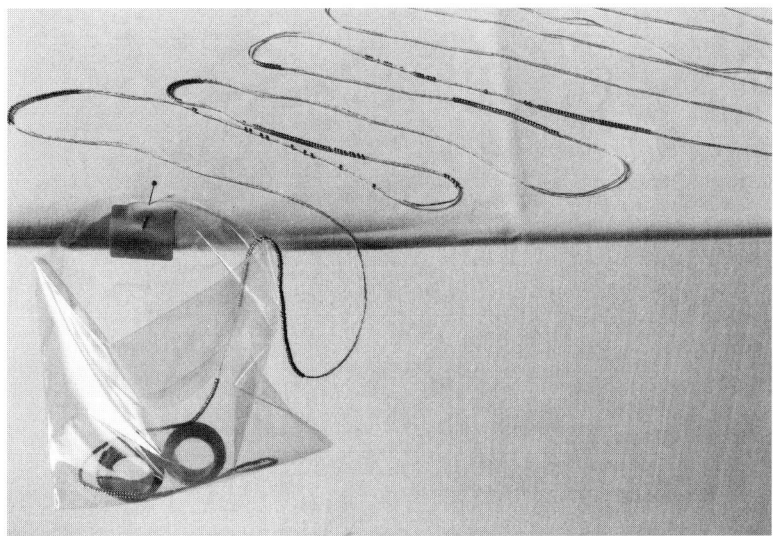

# Einfaches Perlenkettchen

Das Wort «einfach» bezieht sich nicht auf das Aussehen dieses Perlenkettchens, sondern auf die einfache Herstellungsweise. Schon kleineren Kindern gelingt diese Arbeit, wenn eine grosse Person den Anfang und den Schluss übernimmt. Wie für alle Perlenarbeiten trägt auch in diesem Fall die richtige Arbeitsfläche (siehe Seite 15) viel zum guten Gelingen bei.

**Material**

Perlen in verschiedenen Farben (evtl. auch in verschiedenen Grössen)
starker Faden (z. B. Barbobs-Perlenaufreihseide)
2 Perlennadeln Nr. 10
1 Verschluss, z. B. Federverschluss (siehe Seite 11)

**Arbeitsfolge**

1. Wir bestimmen die Länge des Arbeitsfadens, indem wir ein Stück des Fadens vom Röllchen wegziehen, in der gewünschten Weite um den Hals legen, dann diese Strecke doppelt nehmen und zweimal ca. 15 cm zum Vernähen zugeben.

2. Bevor wir den Faden einfädeln, legen wir ihn doppelt, schieben die Schlinge (oder beide Fadenenden) durch das kleine Ringlein am Federverschluss und ziehen beide Fäden durch die Schlinge.

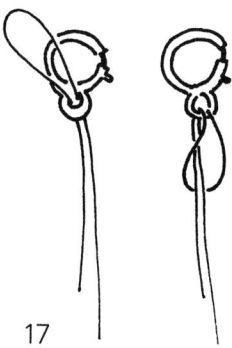

<u>3</u>. Dann fädeln wir den einen Faden ein und fassen Perlen in der gewünschten Reihenfolge auf, z. B. 1 dunkle, 5 helle. Wenn vom Faden noch ca. 15 cm übrig sind, legen wir das Kettchen um den Hals, um die Länge zu prüfen. Stimmt die Länge, befestigen wir die zusammengeschobenen Perlen vorläufig, indem wir den Faden in ein Stückchen eingeschnittenen, dünnen Karton (z. B. von einer Postkarte) klemmen.

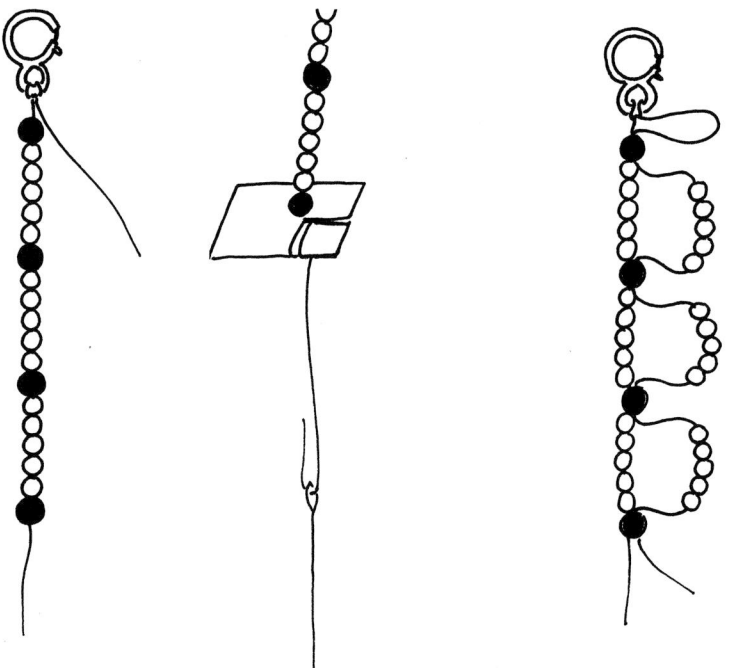

<u>4</u>. Wir können den Faden eingefädelt lassen und fädeln den zweiten Faden in eine andere Perlennadel ein.

Der Zeichnung entsprechend, fassen wir zuerst die oberste dunkle Perle auf und fädeln dann immer wieder 5 zusätzliche helle Perlen auf, bevor wir durch die folgende dunkle stechen.

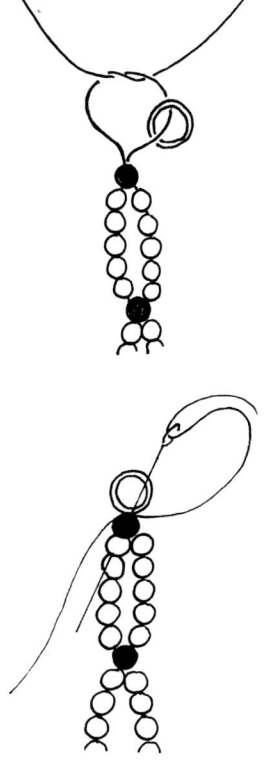

5. Wenn alle Perlen aufgefasst sind (die Fäden bleiben eingefädelt), schieben wir die Perlen auf den Fäden so zurecht, dass die Kette gleichmässig aussieht (siehe Foto). Wir fassen mit einer Nadel das zum Federverschluss gehörende Ringlein auf und verknüpfen die Fäden, indem wir sie (wie beim Schuhebinden) verschlingen (siehe Zeichnung) und fest anziehen. Zweimal verknüpfen.

6. Das Vernähen der Fäden wird auf Seite 14 erklärt.

An unserem Kettchen stechen wir zuerst durch die dunkle und eine helle Perle, bilden eine Schlinge, fassen wieder 2 helle Perlen auf, bilden eine Schlinge usw.

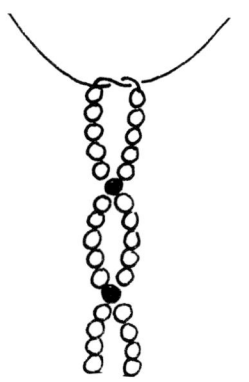

**Tip**

Wenn das Löchlein der letzten dunklen Perle so klein ist, dass nicht mehr mit beiden Nadeln durchgestochen werden könnte, schliessen wir das Kettchen ohne dunkle Perle ab. In diesem Fall bilden wir eine Schlinge (siehe Zeichnung), die wir gut anziehen, bevor wir das Ringlein anknüpfen.

Bevor ich den ersten vernähten Faden abschneide, vernähe ich den zweiten, damit ich auf einen Blick sehen kann, welche Perlenreihe noch frei ist.

# Genähte Perlenkette

Diese Ketten sind überaus beliebt als Arm- oder Fussschmuck. Schon grösseren <u>Kindern</u> ist es möglich, sie selbständig anzufertigen.

**Material**

Perlen in zwei verschiedenen Farben. (Wichtig: Die Perlen, die wir an den <u>Rändern</u> verwenden – auf den Zeichnungen sind sie dunkel –, <u>dürfen auf keinen Fall kleiner</u> sein als die andern.)

1 feine Nähnadel (evtl. Perlennadel Nr. 10)
starker Faden (z. B. Barbobs)
1 Verschluss (z. B. Federverschluss)

**Arbeitsfolge**

<u>1</u>. Ein Arbeitsfaden von ca. 1,30 m Länge reicht für ein ganzes Armkettchen.

Wir fädeln 2 dunkle Perlen, dann das Ringlein des Federverschlusses, dann wieder 2 dunkle und schliesslich 4 helle Perlen auf und verknüpfen sie so zu einem Kreis, dass das eine Fadenende noch ca. 15 cm lang ist (1). Dreimal verknüpfen und gut anziehen (2).

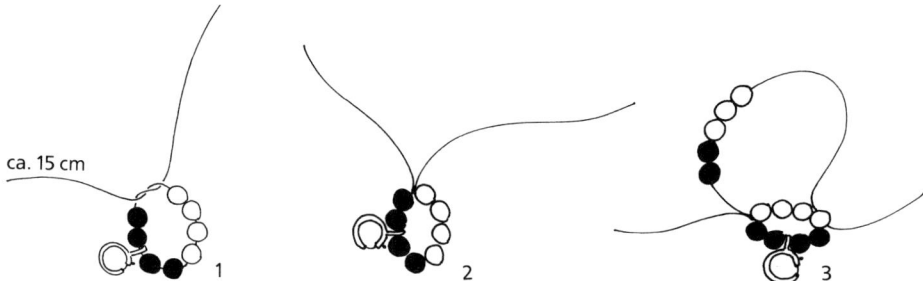

ca. 15 cm

<u>2</u>. Jetzt fassen wir 2 dunkle und 3 helle Perlen auf und stechen von innen nach aussen durch die <u>erste</u> der bereits vorhandenen hellen Perlen (3).

20

<u>3</u>. Von jetzt an bleibt sich das Vorgehen immer gleich: 2 dunkle und 3 helle Perlen auffassen und von innen nach aussen durch diejenige helle Perle stechen, die sich neben den beiden dunklen befindet (4, 5).

Wir versuchen, den Faden möglichst gut anzuziehen.

<u>4</u>. Wenn die benötigte Länge erreicht ist (am Arm oder oberhalb des Knöchels abmessen), fassen wir 4 dunkle und das zum Federverschluss gehörende Ringlein auf (das Ringlein rutscht dann über die Perlen) und stechen durch die vier letzten hellen Perlen (6).

Das Ringlein wird an die entsprechende Stelle befördert, indem wir durch 2 dunkle Perlen stechen, das Ringlein <u>nicht</u> auffassen und durch die beiden andern dunklen Perlen stechen (7).

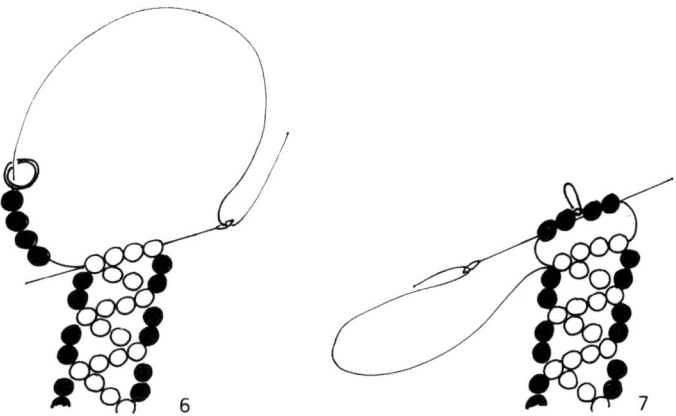

Wir versuchen, den Faden sehr gut anzuziehen, stechen – wenn es die Perlenlöchlein zulassen – noch einmal durch die 4 hellen und die 4 dunklen Perlen und vernähen den Faden, wie auf Seite 14 beschrieben. Dasselbe machen wir mit dem Anfangsfaden.

Diese attraktive Variante verdanken wir einer einfallsreichen Kursteilnehmerin. Dank unserer eben erworbenen Geschicklichkeit sollte es uns gelingen, die Kette anhand einiger Zeichnungen anzufertigen:

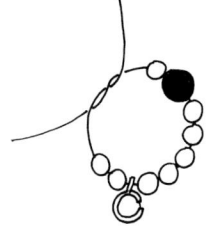 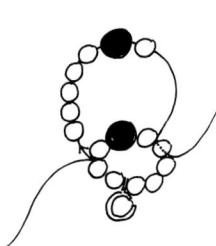 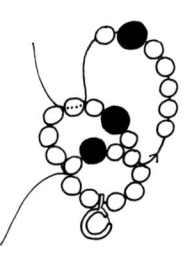 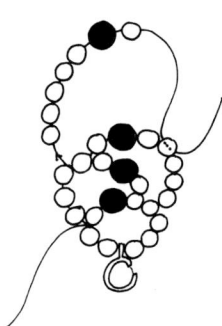

(Und wenn wir an einer Kante jeweils eine Perle mehr auffassen als an der andern, so entsteht anstelle eines geraden Perlenbandes sogar ein Collier!)

# Marie-Josés Blumenkettchen

Frau Marie-José brachte dieses Kettchen aus Spanien mit. Es gleicht der Blümchenkette in meinem Buch «Arbeiten mit Perlen» und ist doch wieder anders und ganz besonders dekorativ.

**Material**

Perlen in drei verschiedenen Farben (◍, O, ●), günstig wären etwas grössere Perlen für die Mitte (●)
starker Faden, z. B. Barbobs
1 feine Nähnadel (evtl. Perlennadel Nr. 10)
1 Verschluss, z. B. Federverschluss

**Arbeitsfolge**

1. Ein Arbeitsfaden von ca. 1,50 m Länge reicht für ein Armkettchen.

Wir fädeln 1 ◍-Perle auf, dann das Ringlein des Federverschlusses, dann 1 ◍- und 2 O-Perlen und verknüpfen den Faden so, dass das Fadenende noch ca. 15 cm lang ist (dreimal knüpfen und gut anziehen).

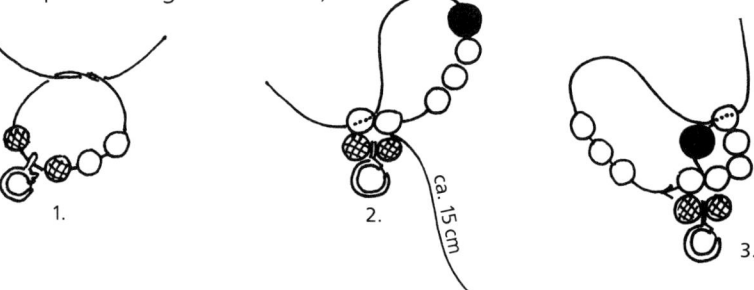

2. Jetzt fassen wir 3 O- und 1 ●-Perle auf und stechen von innen nach aussen durch die erste O-Perle.

3. Wir fassen 3 O-Perlen auf und stechen von innen nach aussen durch die O-Perle, die vor der ●-Perle liegt.

24

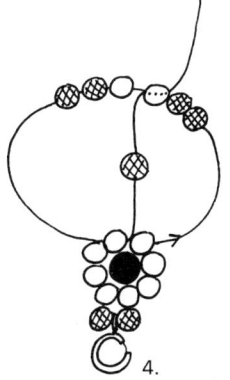

4. Nun fassen wir 2 ◉-, 2 ○- und noch einmal 2 ◉-Perlen auf, bilden mit dem Faden einen Kreis und stechen von aussen nach innen durch die letzte der vorherigen 3 ○-Perlen.

Wir ziehen den Faden erst <u>lose</u> an, fassen 1 ◉-Perle auf und stechen von innen nach aussen durch eine der ○-Perlen.

Jetzt sollten wir den Faden möglichst gut anziehen. Je besser dies gelingt, desto schöner wird die Kette.

<u>5.–7.</u> Die obigen Arbeitsgänge wiederholen sich nun, jedoch in entgegengesetzter Richtung.

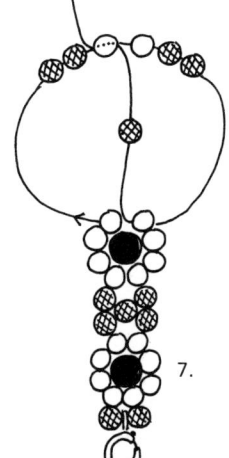

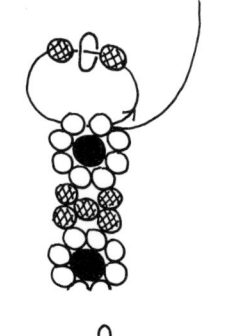

<u>8.</u> Wenn die benötigte Länge erreicht ist (am Arm abmessen), fassen wir 1 ◉-Perle, dann das zum Federverschluss gehörende Ringlein und wieder 1 ◉-Perle auf.

Wahrscheinlich rutscht es sogleich über die eine ◉-Perle. Das macht aber nichts, denn nachdem wir die beiden obersten ○-Perlen noch einmal aufgefasst haben, schieben wir das Ringlein wieder zwischen die beiden ◉-Perlen und fassen diese, <u>ohne</u> das Ringlein, noch einmal auf.

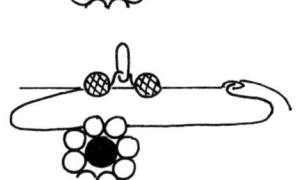

9. Wenn es die Perlenlöchlein zulassen, stechen wir noch einmal durch die beiden ○-Perlen, dann durch die beiden ◉-Perlen <u>und</u> das Ringlein und vernähen den Faden (ebenso den Anfangsfaden), wie auf Seite 14 beschrieben.

# Twist-Ketten

Statt viele Perlenreihen miteinander endgültig an einem Verschluss zu befestigen, können wir Perlenreihen in vielen verschiedenen Farben zu <u>einzelnen</u> Kettchen verknüpfen und vernähen. So können wir nach Belieben immer neue Farbkombinationen zusammenstellen, die Ketten miteinander verdrehen und in einen sogenannten <u>Twistverschluss</u> einhängen. Ein Twistverschluss ist ein Ring (kreisförmig oder oval), der sich an einer Stelle öffnen lässt, damit die Kettchen eingehängt werden können. Es gibt sie in verschiedener Ausführung zu kaufen, auch versilbert oder vergoldet. Wenn wir bedenken, dass wir dank einem <u>einzigen</u> Twistverschluss unzählige Halsketten kombinieren können, lohnt es sich, einen etwas teureren, dafür hübschen Ring zu kaufen. Auf alle Fälle sollten wir aber bereits im Laden prüfen, ob der Verschluss kein Spiel hat, sondern gut zusammenhält.

**Material**

Perlen in verschiedenen Farben
Barbobs-Perlenfaden (oder ein anderer starker Faden)
Perlennadel Nr. 10
1 Twistverschluss

Die Länge meiner Kettchen beträgt 80 cm bzw. 40 cm, wenn sie zusammengeknüpft sind. Sie müssen herausfinden, welche Länge Ihnen zusagt. Am besten fädeln Sie Perlen für ein erstes Kettchen auf, verknüpfen es provisorisch, legen es um den Hals und hängen es in den Twistverschluss ein. (Das spätere <u>Verdrehen</u> der vielen Kettchen hat auf die Länge fast keinen Einfluss.)

**Arbeitsfolge**

1. Auf der Arbeitsunterlage (siehe Seite 15) bezeichnen wir mit zwei Stecknadeln eine Strecke, die der <u>Hälfte</u> der gewünschten Kettenlänge entspricht (Beispiel: 40 cm).

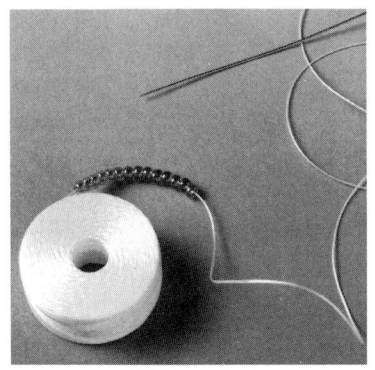

2. Wir schneiden von der Fadenrolle <u>keinen Arbeitsfaden</u> ab, sondern fädeln <u>den Faden des Röllchens</u> in eine Perlennadel ein. Dann ziehen wir vom Röllchen ein Stück Faden weg, das zweimal der aufgesteckten Strecke + ca. 10 cm entspricht. Weil sich der Faden nicht von selbst vom fabelhaften Barbobs-Röllchen abspult, bleibt die Länge dieser Strecke erhalten, wenn wir die ersten aufgefädelten Perlen bis zum Röllchen gleiten lassen (siehe Foto). Anschliessend können wir auf den ganzen restlichen Faden (ausser den letzten ca. 10 cm) Perlen auffädeln. Wir brauchen also nicht immer wieder nachzumessen.

3. Dann messen wir die Kettchenlänge <u>genau</u> ab (wir brauchen zweimal die Strecke zwischen den beiden Stecknadeln), schneiden den Faden so ab, dass auf beiden Seiten des Kettchens ca. 10 cm Faden vorsteht, <u>fädeln die Nadel aber noch nicht aus.</u>

4. Nun verknüpfen wir die Fäden, indem wir sie (wie beim Schuhebinden) verschlingen und langsam, aber <u>fest</u> anziehen.
   Obschon wir <u>dreimal</u> verknüpfen, dürfen wir die Fäden nicht einfach abschneiden, sondern müssen diese <u>vernähen</u> (siehe Seite 14).

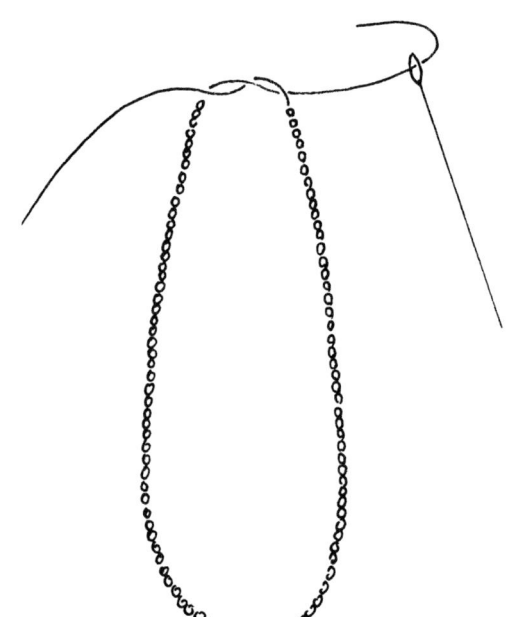

28

# Kettenbündel

Ein Vergnügen ganz besonderer Art macht das Herstellen eines Kettenbündels.

Ein solcher Halsschmuck besteht aus vielen unterschiedlich langen und teilweise abenteuerlich bestückten Kettchen, die, zu einem Bündel zusammengefasst, mit einem einzigen Handgriff um den Hals gelegt werden können.

Angenehm ist es, dass wir für diese Ketten keinen gekauften Verschluss brauchen. (Metallverschlüsse für Ketten sind manchmal nicht leicht aufzutreiben, und sie sind oft nicht eben billig. Zudem können sie Hautallergien hervorrufen.) Für das Kettenbündel brauchen wir keine Metallteile, weil alle Kettchen so lang sind, dass sie bequem über den Kopf gestreift werden können.

Besonders attraktiv sieht ein Kettenbündel natürlich auf einer einfarbigen Bluse aus.

Nehmen wir an, wir möchten eine rosafarbene Kette herstellen. Vielleicht haben wir noch Vorräte (auch kleinste Mengen lassen sich gut verwenden). Allerdings wird es nötig sein, dass wir in verschiedenen Läden herumstöbern: Wir suchen hell- und dunkelrosarote, transparente, opake, glitzernde, schillernde, kleine und grössere Rocaille-Perlen, Holzkügelchen und -scheibchen, Glaskugeln, Müschelchen, Blättchen, Tulpen, geschliffene Steinchen oder Scheibchen, kurz, alles, was rosa ist und ein Löchlein hat. Versuchen Sie, nicht zögerlich oder zu geschmäcklerisch vorzugehen, seien Sie verwegen! Das Vergnügen wird um so grösser sein.

**Material**

Perlen aller Art (siehe oben)
Barbobs-Perlenfaden (oder ein anderer starker Faden)
Perlennadel Nr. 10

zu den Perlen passendes feines Häkelgarn, z. B. Perlgarn Nr. 8
   oder Nähseide (doppelt oder dreifach verwenden)
Häkelnadel Nr. 2
dünne und dicke stumpfe Wollnadel

**Arbeitsfolge**

<u>1</u>. Wir leeren auf unsere Arbeitsunterlage (siehe Seite 15) Perlen aus, die wir für die erste Kette verwenden wollen, z. B. matte und glitzernde, von denen wir abwechselnd je 2 auffassen möchten.

▬ • ▬ • ▬ • ▬ • ▬ • ▬ • ▬ • ▬ • ▬ • ▬

**Tip**

In einem solchen Fall leere ich die beiden Perlensorten nicht behutsam nebeneinander, im Gegenteil, denn es macht mir viel mehr Vergnügen, die Perlen mit der Nadelspitze aus dem Durcheinander herauszutupfen.

▬ • ▬ • ▬ • ▬ • ▬ • ▬ • ▬ • ▬ • ▬ • ▬

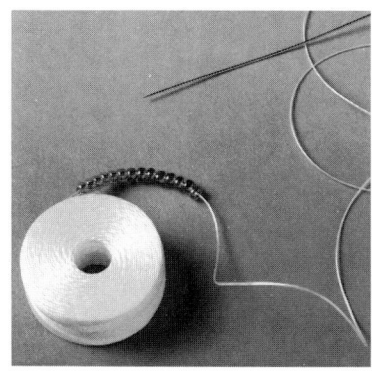

<u>2</u>. Wir schneiden von der Fadenrolle <u>keinen Arbeitsfaden</u> ab, sondern fädeln den Faden des Röllchens in die Perlennadel ein. Dann ziehen wir vom Röllchen ein gut armlanges Fadenstück weg, schneiden das Stück aber nicht ab, sondern fangen mit dem Auffädeln an. Wir lassen alle Perlen zum Fadenröllchen gleiten (das Barbobs-Röllchen spult sich fabelhafterweise nicht von selbst ab). Gelegentlich legen wir uns die Kette um den Hals und bestimmen so <u>die gewünschte Länge</u>.

<u>3</u>. Wir schneiden den Faden so ab, dass auf beiden Seiten der Kette ca. 10 cm vorstehen.
   (Weil wir die Fäden des Kettenbündels im Unterschied zu den Twist-Kettchen <u>nicht vernähen</u> müssen, fädeln wir die Nadel aus.)

4. Nun verknüpfen wir die Fäden, indem wir sie (wie beim Schuhebinden) verschlingen und langsam <u>fest</u> anziehen. Wir verknüpfen sie dreimal, <u>schneiden die Fäden aber nicht ab</u>.

<u>5.</u> Die fertige Kette hängen wir uns so um den Hals, dass die Fäden in den Nacken zu liegen kommen.

Vielleicht fädeln wir nun kleine Perlen in einer einzigen Farbe auf und fangen nach 10–15 cm an, immer nach 9 Perlen eine kleine Glaskugel aufzufassen. Oder wir plazieren bereits 3 gewichtige Objekte auf der Kette. Jedenfalls legen wir die neu entstehende Kette immer wieder um den Hals, sei es, um die gewünschten Stellen für die gewichtigen Objekte zu bestimmen oder um die Länge der Kette, die natürlich von der Länge der ersten abweichen kann, festzulegen.

6. Jede neue Kette hängen wir zu den anderen um den Hals, sorgen gelegentlich dafür, dass die verknüpften Stellen einigermassen aufeinander liegen und lassen uns, anhand unseres Perlensortiments, immer wieder neu inspirieren. Sie werden es erleben: Das Herstellen eines Kettenbündels ist ein ganz besonderes Vergnügen!

7. Wenn wir ungefähr 15 Ketten angefertigt haben, hängen wir das ganze Bündel so über eine Hand, dass alle verknüpften Stellen obenauf und nahe beieinander liegen. Dann legen wir das Bündel so auf den Tisch, dass sich die Fäden in unserer Nähe befinden.

Wir halten nun die Fäden von ungefähr der Hälfte aller Kettchen – möglichst nah bei den verknüpften Stellen und möglichst ohne die Kettchen allzu sehr vom Tisch wegzuheben – zwischen Daumen und Zeigefinger der rechten Hand, bilden eine Schlinge, indem wir die Fadenenden um die Zeigefingerspitze legen und dann durch den entstandenen Kreis ziehen und ziehen die Schlinge – mit Hilfe der dicken, stumpfen Wollnadel – zu den verknüpften Stellen (siehe Foto).

Dann ziehen wir die Fäden <u>einzeln</u> gut an.

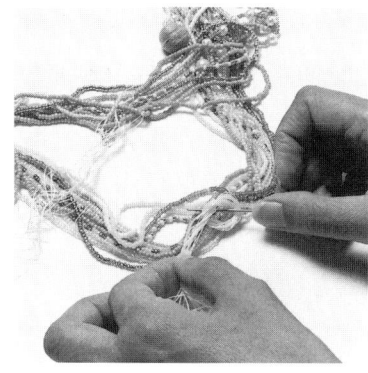

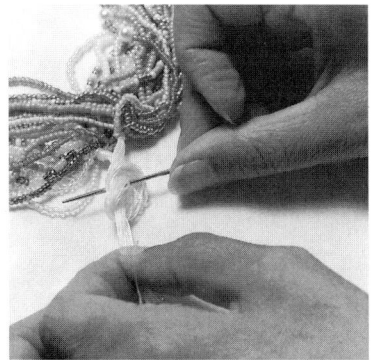

Die zweite Hälfte der Fäden verknüpfen wir auf dieselbe Weise (alles auf dem Tisch liegen lassen) und machen dann mit <u>allen</u> Fäden zugleich nochmals 2 Knoten (siehe Foto). Noch einmal ziehen wir die Fäden einzeln gut an und schneiden die Fadenreste knapp neben dem Knoten ab.

<u>8.</u> Eigentlich wäre die Halskette schon jetzt tragbar. Aber natürlich sähe das Ganze ohne diese auffälligen Knoten besser aus. Deshalb häkeln wir nun eine kleine, mit Perlen geschmückte Fläche und nähen diese um die verknüpfte Stelle herum.

Wir gehen folgendermassen vor: Mit Hilfe einer Fadenschlinge (siehe Seite 11) fädeln wir auf den Faden des Garnknäuels (Perlgarn Nr. 8 doppelt nehmen) etwa 90 kleine Perlen auf.

Wir schieben die Perlen zum Knäuel, lassen vom Garnanfang etwa 30 cm vorstehen und schlagen eine Masche an.

Von * bis * immer wiederholen.

1. Reihe: 11 nicht zu feste, aber auch nicht zu lockere Luftmaschen häkeln.
2. Reihe: Auf diese Luftmaschen (die zuletzt gehäkelte übergehen wir) 10 feste Maschen häkeln, anschliessend eine Luftmasche zum Wenden.
3. Reihe: * 1 feste Masche, 1 Perle dicht heranschieben *. Enden mit 1 festen Masche, 1 Luftmasche zum Wenden (9 Perlen).
4. Reihe: 10 feste Maschen, 1 Luftmasche zum Wenden.

■—•—■—•—■—•—■—•—■—•—■—•—■—•—■—•—■

**Tip**

Das Häkeln geht uns leichter von der Hand, wenn wir von der 3. Reihe an stets <u>beide</u> Maschenglieder auffassen. Wenn sich die Häkelnadel schwer in die letzte Masche der Reihe einstechen lässt, können wir diese mit Hilfe einer stumpfen Wollnadel etwas ausweiten.

■—•—■—•—■—•—■—•—■—•—■—•—■—•—■—•—■

Wir häkeln abwechselnd die 3. und 4. Reihen, bis 7 Perlenreihen zu sehen sind, und probieren, ob das Stückchen bereits gross genug ist: Wir legen es eng um die zusammengeknüpfte Stelle herum. Die Kanten sollten nicht ganz zusammenstossen; die Lücke wird dann mit Überwindungsstichen zusammengezogen (siehe Foto).

Nötigenfalls häkeln wir noch ein bisschen weiter. Wir enden mit einer Perlenreihe, lassen vom Garn etwa 30 cm vorstehen und schneiden es ab. Wir fädeln das Garnende in eine dünne, stumpfe Wollnadel, legen das Gehäkelte um die verknüpfte Stelle und nähen es mit Überwindungsstichen zusammen. Mit dem Rest des Arbeitsfadens (und dann auch mit dem Anfangsfaden) befestigen wir die gehäkelte «Röhre», indem wir an den Rändern einige Male hin- und herstechen und dann die Fäden vernähen (siehe Foto).

# *Perlenlampe*

Diese zauberhaften Lampenschirme bestehen aus lauter Perlenfransen, die nicht an einem eigentlichen Lampenschirm,
sondern lediglich an einem Metallgestell befestigt werden, von
dem nur ein Reifen von 1½ cm Breite zu sehen ist.

   Innerhalb dieses Gestells befindet sich ein zweiter, 1 cm
breiter Reifen, der leicht herausgenommen werden kann. Die
Perlenfransen werden an ein dünnes Baumwollband genäht;
dieses wird an den inneren Metallreifen geklebt und nach dem
Trocknen lediglich in das Metallgestell hineingedrückt. Es ist
also keine sehr schwierige Arbeit, aber eine, die viel Geduld
und Hingabe erfordert. Das Ergebnis ist jedoch beglückend:
Der Lichtschein einer glasklaren Glühbirne zum Beispiel zau-
bert die einzelnen Fransen als feine Linien über Decke und
Wände.
   Für meinen Erstling – eine Hängelampe von 18 cm Ø –
habe ich die Farbe Weiss gewählt: transparente (durchsich-

tige), opake (undurchsichtige) und glitzernde Rocaille-Perlen, verschiedene kurze Stiftchen, silberne Kügelchen und andere Perlen unterschiedlicher Grösse – im ganzen 10 verschiedene Sorten. Da ich noch keine Ahnung hatte, wie viele ich von jeder Sorte brauchen würde, deckte ich mich vorsichtshalber reichlich ein.

Die Frage nach der Menge lässt sich tatsächlich nicht leicht beantworten, denn vorerst wissen wir ja noch gar nicht, was für ein Muster die Fransen miteinander ergeben sollen.

Eine kleine Hilfe gibt es: Wenn wir die einzelnen Fransen mit einer besonders auffälligen, grösseren Perle abschliessen wollen, können wir diese Anzahl berechnen, denn die Fransen weisen einen Abstand von ca. 3 mm auf. Beträgt der Umfang des inneren Metallreifens ca. 57 cm (für einen Gestelldurchmesser von ca. 18 cm), so gibt das 190 Fransen (57 cm : 0,3 cm = 190). Wir brauchen also mindestens 200 grosse Perlen, denn hin und wieder ist ein Exemplar mangelhaft.

Vielleicht wissen wir auch schon, dass wir jede Franse mit einigen sogenannten Wachsperlen schmücken wollen. Diese werden in Säckchen à 60 bis 100 Stück verkauft. Auch davon können wir also die benötigte Anzahl berechnen. Silber- und Goldkügelchen werden ebenfalls meist abgezählt verkauft.

Die Perlenfransen bestehen jedoch hauptsächlich aus Rocaille- und kurzen Stiftperlen. Diese werden in Döschen, Schächtelchen oder Gläschen recht unterschiedlicher Grösse verkauft. Der Inhalt wiegt 10 bis 30 Gramm. Je nach Grösse der Perlen sind mehr oder weniger in einem Döschen enthalten. Es ist zu empfehlen, je 6 bis 10 Döschen einer Sorte zu kaufen, je nachdem, wieviel wir von einer Sorte zu verwenden gedenken.

Allerdings haben wir Glück, wenn im Bastelgeschäft soviel Material vorrätig ist, wie wir brauchen. Kann das fehlende nicht nachbestellt werden, müssen wir mit den erhältlichen Perlen auszukommen versuchen.

Und so wird eine Perlenfranse angefertigt:

Wir befestigen das Ende eines Fadens am dünnen Baumwollband (siehe Seite 46), fädeln alle Perlen einer Franse, das heisst also eine Strecke von etwa 13–20 cm auf, fassen alle Perlen (ausser der untersten, die deshalb möglichst klein sein soll) in umgekehrter Richtung, also von unten nach oben, noch einmal auf und befestigen den Faden wieder am Baumwollband.

Es ist nicht zu vermeiden, dass, während wir die Perlen in umgekehrter Richtung noch einmal auffassen, der Faden, der sich bereits in den Perlen befindet, häufig angestochen wird. Ein Baumwollfaden (wie z. B. der Mettler silk-finish 24/3, der sich für viele Perlenarbeiten ausgezeichnet eignet) kommt deshalb für diese Arbeit nicht in Frage, weil wir unablässig nachprüfen müssten, ob wir diesen gut gedrehten Baumwollfaden nicht angestochen haben. Ideal hingegen sind die Barbobs-Röllchen, auch «Perlen-Aufreihseide» genannt. «Seidig» ist allerdings nur der Glanz, denn es ist eine aus vielen Fäden leicht zusammengedrehte Kunstfaser, die wie gewachst wirkt. Aus diesem Grund lassen sich die Perlen auch dann, wenn der Faden angestochen wird, problemlos aneinanderschieben. Wir müssen also nicht darauf achten, wo die Nadel hinsticht.

Das Baumwollband, an dem die Perlenfransen befestigt werden, darf nicht zu dick sein (also kein sogenanntes Schürzenband), weil sonst der mit dem Band beklebte Metallreifen nicht mehr in das Gestell hineinpasst.

Die Metallgestelle werden in vier verschiedenen Grössen angefertigt. Auch die entsprechenden Kabel und Fassungen für Hängelampen sind dazu erhältlich. Die Bezugsadresse finden Sie auf Seite 100.

Für eine Stehlampe brauchen wir einen Lampenfuss. Vielleicht findet sich einer auf dem Flohmarkt. Oder Sie möchten einen alten Kerzenständer dafür verwenden und lassen ein Loch für das Kabel hineinbohren. Alles, was sonst noch dazugehört, wie «Harfe», elektrische Fassung, Kabel mit Schalter, Gewinde, Muffen und Endknopf und natürlich auch Lampenfüsse aller Art habe ich in einem Tiffany-Lampengeschäft gefunden; und ich wurde auch fachlich überaus kompetent beraten (Adresse siehe Seite 100).

**Material**

1 Metallgestell, erhältliche Grössen siehe Bezugsquellen, Seite
    100, und evtl. einen kompletten Lampenfuss
viele verschiedene Perlen (wie oben beschrieben)
dünnes, weisses Baumwollband (<u>kein</u> Schrägband!)
2–3 Röllchen Barbobs-Perlenaufreihseide à 52 m
Perlennadel Nr. 10
1 gut gespitzter Bleistift

**Arbeitsfolge**

1. Entwurf für ein Fransenmuster
Wir zeichnen unsere ungefähre Vorstellung des Perlenmusters
in einer einfachen Skizze auf, anhand derer wir uns überlegen
können, in welchem Bereich wir diese oder jene Perlensorte
verwenden möchten. Ein Beispiel:

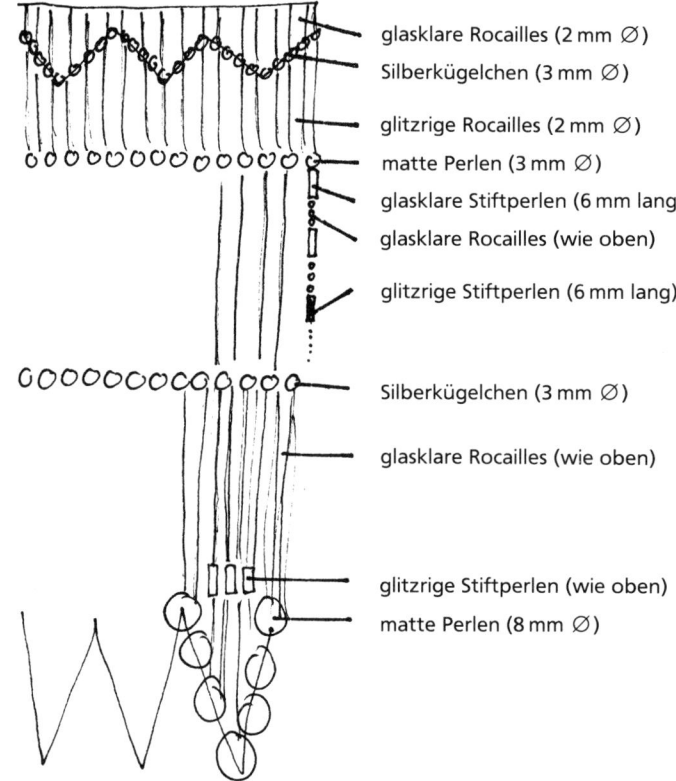

glasklare Rocailles (2 mm ∅)
Silberkügelchen (3 mm ∅)

glitzrige Rocailles (2 mm ∅)
matte Perlen (3 mm ∅)
glasklare Stiftperlen (6 mm lang)
glasklare Rocailles (wie oben)

glitzrige Stiftperlen (6 mm lang)

Silberkügelchen (3 mm ∅)

glasklare Rocailles (wie oben)

glitzrige Stiftperlen (wie oben)
matte Perlen (8 mm ∅)

(Wenn wir die erste Perlenfranse herstellen, werden wir uns möglicherweise nicht genau an diesen Entwurf halten, denn während des Auffädelns haben wir vielleicht neue Ideen.)

**▄ ● ▄ ● ▄ ● ▄ ● ▄ ● ▄ ● ▄ ● ▄ ● ▄ ● ▄**

**Tip**

Es spielt übrigens keine Rolle, wenn wir Perlen verwenden, die grösser sind als die 3 mm des Nähabstandes. Die einzelnen Perlenfransen brauchen ja nicht von oben bis unten genau <u>nebeneinander</u> zu hängen. Allerdings sieht es wohl hübscher aus, wenn die grössten Perlen erst in der unteren Hälfte aufgefädelt werden.

**▄ ● ▄ ● ▄ ● ▄ ● ▄ ● ▄ ● ▄ ● ▄ ● ▄ ● ▄**

2. Länge des Bandes
Bevor wir nun mit den Perlenfransen beginnen, stellen wir die benötigte <u>Bandlänge</u> fest.

   Ungefähr 4 cm vom Bandanfang entfernt machen wir mit dem gut gespitzten Bleistift einen Strich über die ganze Bandbreite (siehe × in der Zeichnung unten).

|  | x |
|---|---|
|  | ca. 4 cm |

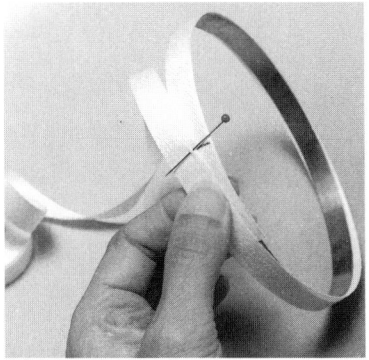

Dann legen wir das Band um den inneren Metallreifen herum und bezeichnen den Umfang mit einer Stecknadel.

   Wir nehmen das Band vom Metallreifen weg, <u>geben</u> neben der Stecknadel <u>3 mm zu</u>, machen ebenfalls einen Bleistiftstrich über die ganze Bandbreite, lassen wieder ungefähr 4 cm vom Band darüberstehen und schneiden das übrige Band ab.

| ca. 4 cm | Umfang +3 mm | ca. 4 cm |
|---|---|---|

### 3. Einteilen der Mustersätze

Bevor wir nun diese Strecke in einzelne Mustersätze einteilen (Mustersatz = Anzahl der Reihen, bis das Muster wieder von vorne beginnt, siehe auch Seite 48) fangen wir mit dem Annähen des ersten Mustersatzes an. Erstens ist es lustiger, endlich anfangen zu können und nicht erst rechnen zu müssen, und zweitens haben wir so noch die Möglichkeit, unseren Entwurf abzuändern und den Mustersatz schmaler oder breiter als geplant auszuführen.

Ein Nähabstand von 3 mm hat sich bewährt. Wir machen auf dem Band aber nur halb so viele Striche, und zwar kurze. Sechs davon genügen vorerst.

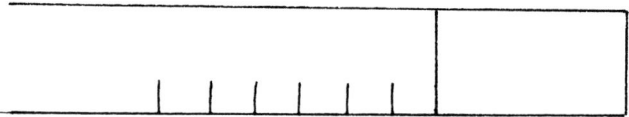

Auf jedem Strich und in jedem Zwischenraum (also eben im Abstand von 3 mm) wird eine Perlenfranse befestigt.

(Dieser Fransenabstand wird möglicherweise nicht für die ganze Perlenstrecke gültig sein. Sobald wir einen Mustersatz hergestellt haben, machen wir die Einteilung für die ganze Strecke. Möglicherweise wird sich dann der Nähabstand etwas verändern. Dies fällt am fertigen Gegenstand jedoch überhaupt nicht auf.)

### 4. Befestigen der Perlenfransen

Wir fädeln einen etwa 1,50 m langen Arbeitsfaden in die Perlennadel ein und vernähen dessen Ende mit 3 winzigen, gut angezogenen Hinterstichen auf dem langen Strich am Anfang des Bandes (siehe Seite 46).

### Tip

Weil das Herstellen einer Perlenlampe eine Arbeit ist, die viel Zeit beansprucht, ist es doppelt wichtig, dass wir unsere Arbeitsfläche (siehe Seite 15) gut einrichten:

In der Reihenfolge, in der die verschiedenen Perlensorten aufgefasst werden müssen, leeren wir kleine Mengen davon aus (siehe Foto):

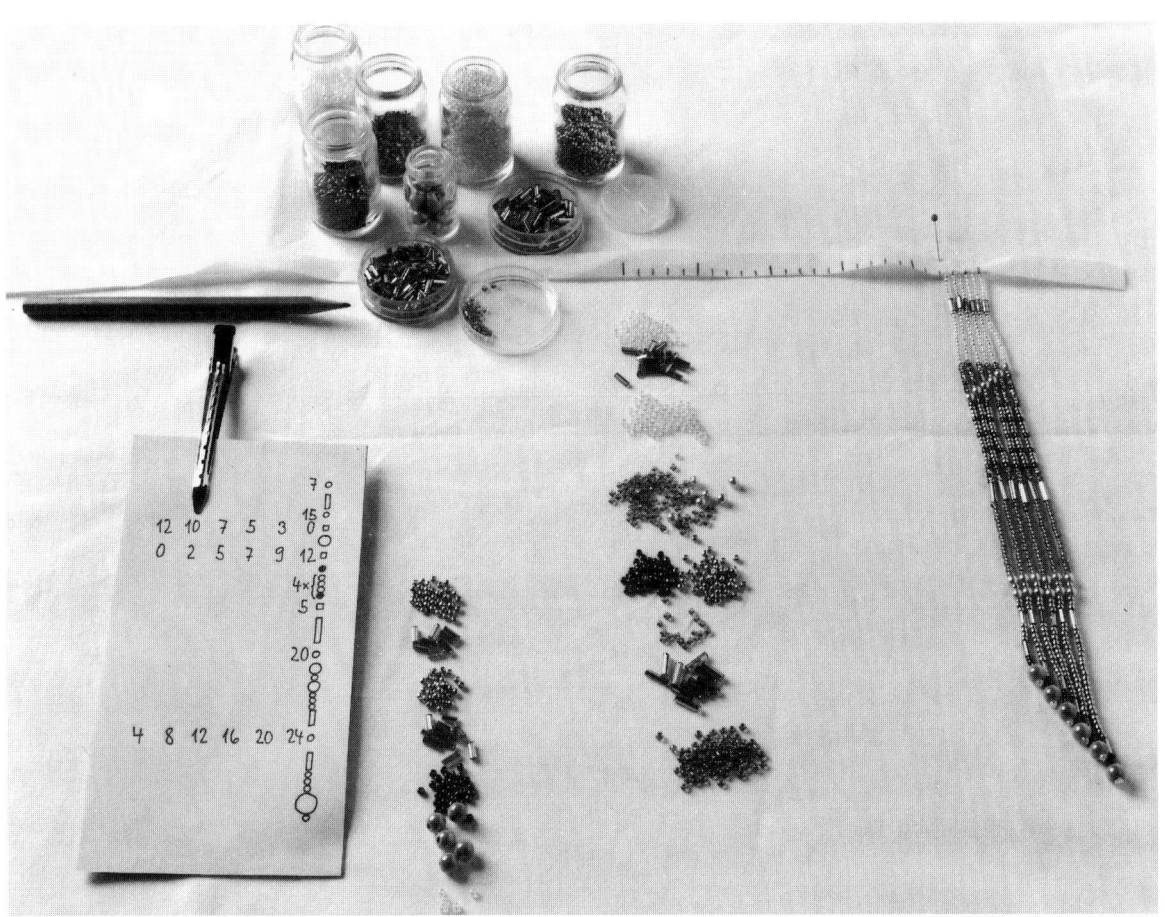

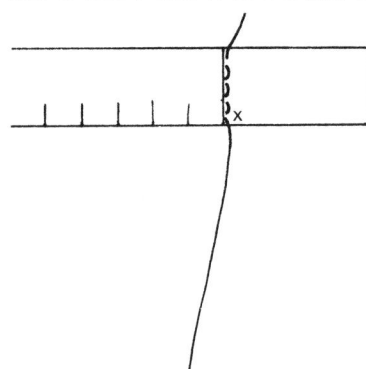

**Tip**

Damit wir während des Vernähens nicht den ganzen langen Faden durchziehen müssen, können wir statt von oben nach unten in umgekehrter Richtung vernähen. In diesem Fall ziehen wir vom eingefädelten Faden nur wenige Zentimeter durch das Öhr, stechen bei x in das Band – diese Stelle ist nur ½ mm von der Bandkante entfernt –, nähen die drei Hinterstiche, fädeln aus und schneiden den restlichen kurzen Faden ab. Erst jetzt fädeln wir den lang herunterhängenden Faden ein.

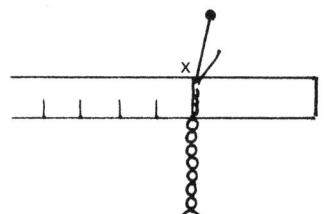

Nun befestigen wir das Band auf der Linie der kleinen Hinterstiche mit einer Stecknadel auf der Arbeitsfläche (siehe x) und fassen von oben nach unten alle Perlen der ersten Franse auf. Es ist hübsch, die Reihe mit einer besonders auffälligen Perle abzuschliessen.

**Tip**

Wichtig: Wenn sich eine Perle nicht völlig problemlos über das Nadelöhr schieben lässt, sollten wir sie unbedingt sofort herausnehmen und wegwerfen, sonst macht sie uns, wenn wir die Perlen zum zweiten Mal (von unten nach oben) auffassen, unweigerlich Ärger. Eine Ausnahme bilden die sogenannten Wachsperlen, deren Löchlein zwar recht mangelhaft zu sein scheinen, sich aber nach Bedarf ausweiten.

Am Ende der Franse fassen wir eine möglichst kleine Perle auf, übergehen diese dann und fassen alle Perlen von unten nach oben noch einmal auf.

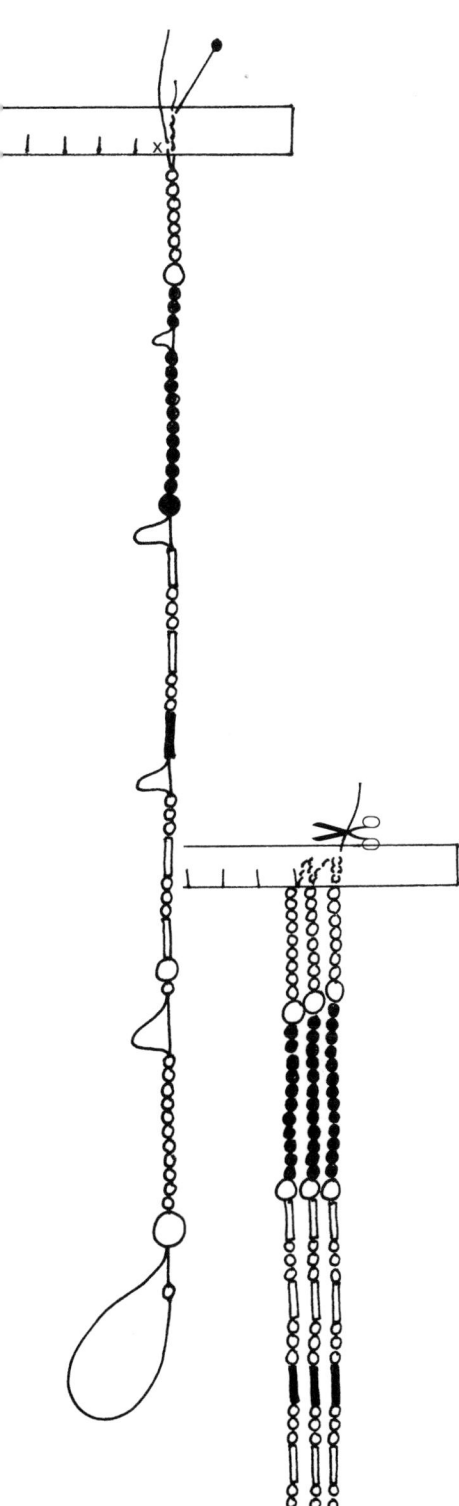

Ganz oben stechen wir dicht neben den Anfangs-Hinterstichen, ½ mm vom Bandrand entfernt, ein, fassen ganz wenig vom Band auf (siehe ✕), halten mit Daumen und Zeigefinger der linken Hand die kleine Perle am Fransenende fest und ziehen mit der rechten Hand den Faden so an, dass alle Perlen zusammenrücken. (Das Band ist mit einer Stecknadel auf der Arbeitsfläche festgesteckt!) Wir müssen den Faden <u>sehr gut</u> anziehen.

Dann nähen wir 3 gut angezogene kleine Hinterstiche nach oben und (für die neue Franse) zwischen den kurzen Bleistiftstrichen wieder 3 Hinterstiche an den unteren Bandrand.

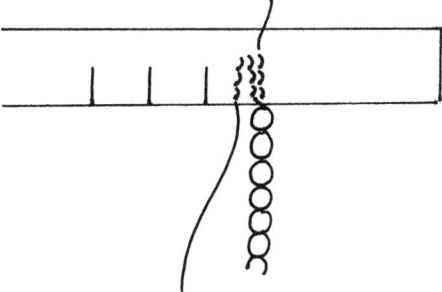

Auf diese Weise nähen wir die Perlenfransen an. Die vernähten Fäden werden so kurz abgeschnitten, dass sie nicht über die obere Bandkante hinausreichen.

■━●━━●━━●━━●━━●━━●━━●━━●━━■

**Tip**

Es ist günstig, die Arbeitsfäden in einer Länge abzuschneiden, die für jeweils drei Perlenfransen ausreicht.

■━●━━●━━●━━●━━●━━●━━●━━●━━■

5. Endgültiges Einteilen der ganzen benötigten Bandlänge
Wir nehmen diese Einteilung erst dann vor, wenn wir einen vollständigen <u>Mustersatz</u> hergestellt haben (Mustersatz = Anzahl Reihen, bis sich das Muster wiederholt).

47

Dies ist ein Mustersatz:

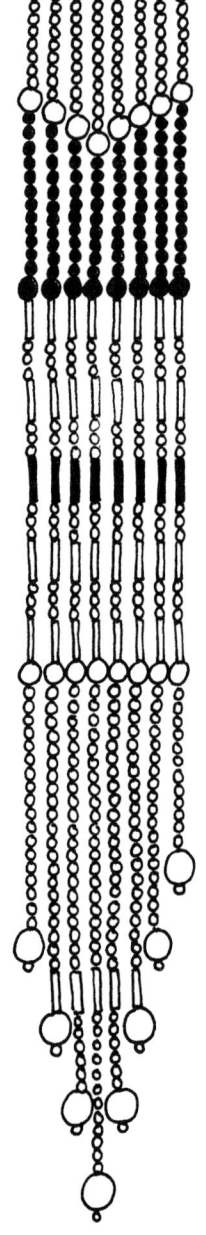

Es mag vielleicht so aussehen, als ob dieser Mustersatz unvollständig wäre. Besonders wenn wir die untersten grossen Perlen betrachten, haben wir den Eindruck, als ob eine Franse fehlt. Es ist jedoch so, dass hier die erste Franse des folgenden Mustersatzes anschliesst.

Ebenso wird sich auch ganz zuletzt, d. h. wenn die fertige Arbeit zum Kreis geschlossen wird, das Muster wieder ergänzen.

In unserem Beispiel bilden 8 Perlenfransen einen Mustersatz. Vorläufig haben wir die Fransen in einem Abstand von 3 mm angenäht. Ein Mustersatz benötigt also eine Strecke von 2,4 cm. Unsere benötigte Bandlänge beträgt 56,3 cm. Mit Hilfe des Taschenrechners teile ich 56,3 cm : 2,4 cm = 23,45 ... Die ganze Zahl, also 23 ergibt die Anzahl der Mustersätze, die allerdings eine Winzigkeit grösser sein müssen als unsere vorläufige Zahl 2,4 cm.

Wir probieren: Rechnen wir (oder eben der hilfreiche Taschenrechner) 2,45 × 23, so ergibt dies 56,35 cm. Genauer könnten wir uns das Ergebnis kaum wünschen, benötigen wir doch die Zahl 56,3 cm.

Mit der Zahl 2,45 lässt sich allerdings schlecht rechnen. Verdoppeln wir sie, erhalten wir 4,9 cm. Schon besser. Zwei Mustersätze brauchen also 4,9 cm.

Wir legen nun das Band vor uns hin, den Anfang eines Massstabes unter den Strich am Bandende, und stecken bei 4,9 cm (siehe x) eine Stecknadel ein, ebenso eine solche zwischen 2,4 und 2,5 cm:

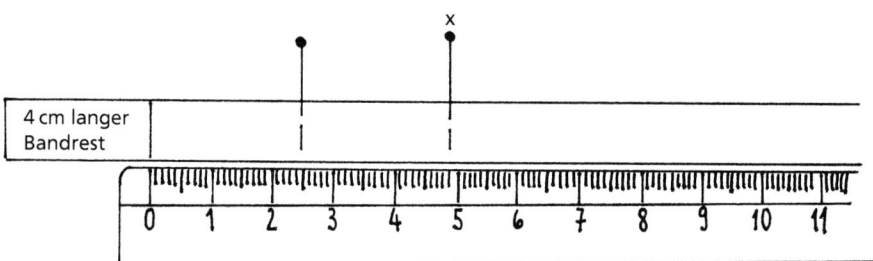

Dann legen wir den Anfang des Massstabes bei der Stecknadel x an und stecken wiederum bei 4,9 cm und zwischen 2,4
und 2,5 cm eine Stecknadel ein.

Jede Stecknadel bezeichnet so einen Mustersatz.

Die Perlenfransen für einen Mustersatz haben wir bereits
hergestellt, demnach müssen ausser diesem noch 22 Mustersätze eingeteilt sein.

■ ● ━ ● ━ ● ━ ● ━ ● ━ ● ━ ● ━ ● ■

**Tip**

Wenn unsere Einteilung nicht aufgeht, müssen wir nachprüfen, ob wir vielleicht die Stecknadeln immer eine Winzigkeit zu
weit auseinander gesteckt haben.

■ ● ━ ● ━ ● ━ ● ━ ● ━ ● ━ ● ━ ● ■

Anstelle der Stecknadeln zeichnen wir nun Bleistiftstriche
über die ganze Bandbreite. Nun haben wir die Mustersätze
eingeteilt:

|  | 0 | 2,45 cm | 4,9 cm |  |
|---|---|---|---|---|
| 4 cm langer Bandrest |  |  |  |  |

Weil in unserem Beispiel der Mustersatz eine gerade Perlen-
fransenzahl (nämlich 8) aufweist, teilen wir nun jeden Mustersatz nach Augenmass in der Mitte mit einem kurzen Strich
(siehe x):

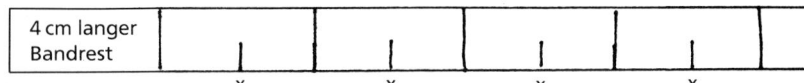

und dann beidseitig noch einmal (siehe xx):

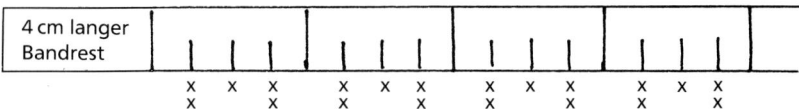

49

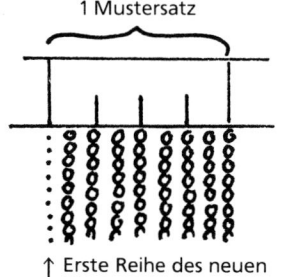

1 Mustersatz

↑ Erste Reihe des neuen Mustersatzes

Auf jedem Strich und in jedem Zwischenraum wird je eine Perlenfranse angenäht.

Damit uns möglichst wenig Fehler unterlaufen, stellen wir eine Vorlage her. Diese kleben wir auf einen dünnen Karton, damit wir diejenige Franse, an der wir gerade arbeiten, mit einer Puppen-Wäscheklammer oder einem Haarclip bezeichnen können. Und ein Bleistift, den wir oberhalb der Vorlage auf den Tisch legen, zeigt uns mit seiner Spitze die Richtung an, in welcher der Clip weitergeschoben werden muss (siehe auch Seite 45).

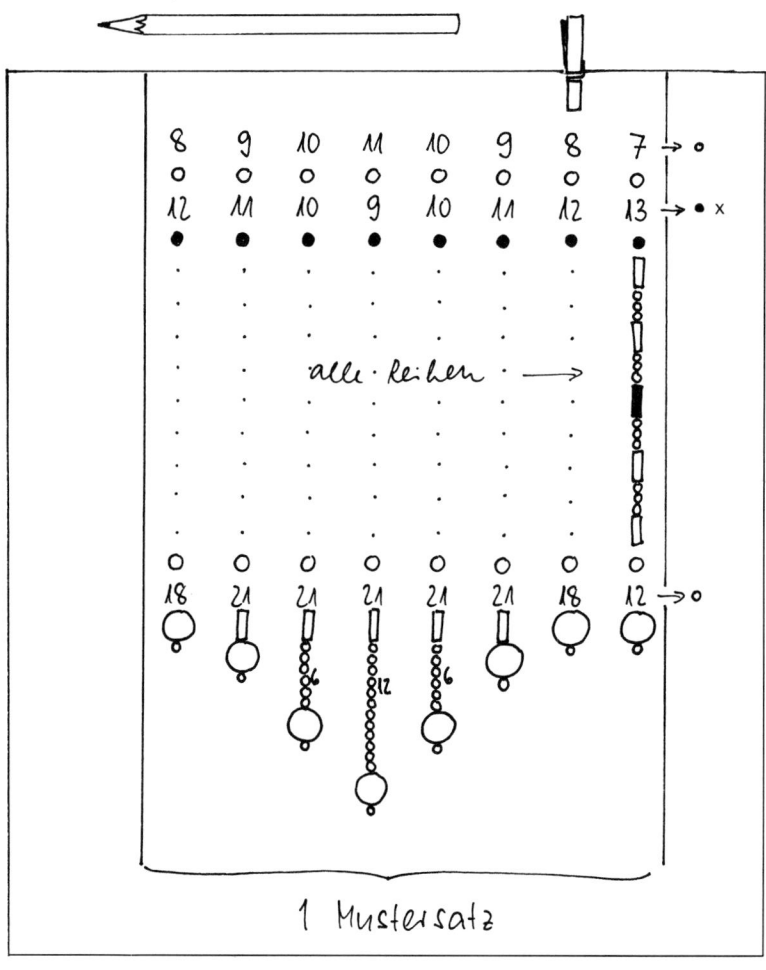

1 Mustersatz

6. Auffädeln der Fransen

Während des Auffädelns einer Franse sollten wir gelegentlich die Perlen zusammenschieben und die Länge der bereits aufgefädelten Perlenreihe mit den beiden vorhergehenden Fransen vergleichen (die Stelle, die auf der Vorlage mit x bezeichnet ist, würde sich beispielsweise gut dafür eignen). Nicht immer sind nämlich alle Perlen einer Sorte gleich gross, und wir können dies ausgleichen, indem wir eine Perle mehr oder eine weniger auffassen.

Nur <u>kleine</u> Abweichungen beeinträchtigen die Wirkung des fertigen Lämpchens jedoch nicht.

**Tip**

Bei dieser Arbeit sollten wir uns möglichst viel Zeit lassen, zu leicht schleichen sich Fehler ein (besonders auch dann, wenn wir nach einem Unterbruch die Arbeit wieder aufnehmen).

Es braucht viel weniger Zeit, neue Fransen immer wieder sorgfältig mit den bereits hergestellten zu vergleichen, um möglichst wenige Fehler zu machen, als drauflos zu werken und allenfalls mehrere Reihen auflösen zu müssen, weil eine bestimmte Perlensorte vergessen worden ist.

Auf der allerletzten Linie, die über die ganze Bandbreite gezogen ist, wird keine Perlenfranse mehr befestigt, die <u>erste</u> Franse schliesst dort den letzten Mustersatz.

Auf dieser Linie – es braucht dafür fast ein bisschen Mut – schneiden wir das Band entzwei (die restlichen 4 cm fallen also weg). Die Bandzugabe am <u>Anfang</u> des Bandes dürfen wir aber <u>auf keinen Fall</u> schon jetzt abschneiden!

Falls wir es nicht fortwährend gemacht haben, werden jetzt alle Fadenenden knapp über der oberen Bandkante abgeschnitten.

Teil einer Perlenlampe für ein Kinderzimmer

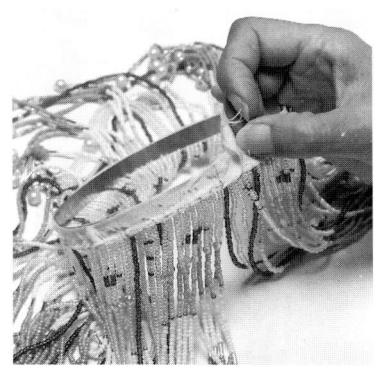

### 7. Befestigen des Bandes am Metallreifen

Wir legen das Band um den Metallreifen und stellen auf diese Weise fest, wie stark das Band, das sich durch die vielen vernähten Stellen etwas zusammengezogen hat, beim Aufkleben gedehnt werden muss.

Wenn das Band durch das Gewicht der vielen Perlen immer wieder vom Reifen wegrutscht, behelfen wir uns mit einem Trick: Wir bekleben den Reifen zuerst mit einem beidseitig klebenden Klebstreifen (im Papierwarengeschäft erhältlich) und können dann das Band probehalber daraufdrücken. Manchmal hält das Band schon so auf dem Reifen.

Andernfalls bestreichen wir etwa 10 cm des Reifens mit Cementit, legen das Ende des Bandes so auf den Reifen, dass die unteren Kanten des Bandes und des Reifens genau aufeinanderliegen, halten das Bandende mit der linken Hand fest, ziehen mit der rechten Hand das Band kräftig in die Länge und legen es auf die beleimte Stelle. Dann drücken wir es mit den Daumen fest. Auf diese Weise kleben wir Stück um Stück fest.

Wenn die Hälfte des Bandes angeklebt ist, legen wir probehalber die andere Hälfte um den Reifen, um zu prüfen, ob wir das Band während des Klebens genügend auseinandergezogen haben. Nötigenfalls dehnen wir es anschliessend noch ein bisschen mehr.

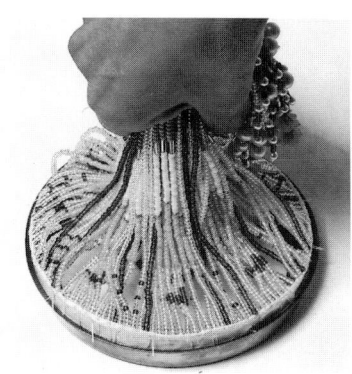

Bevor wir die letzten 2–3 cm ankleben, schneiden wir den Bandrest am Anfang des Bandes knapp neben den Hinterstichen ab und kleben das restliche Band an.

Nach dem Trocknen wird der Reifen in das Gestell hineingedrückt. Vielleicht brauchen wir Hilfe, denn manchmal passt der beklebte Reifen kaum hinein.

Wenn er sich allerdings ohne Mühe hineindrücken lässt, ist es besser, ihn mit etwas Cementit im Gestell zu befestigen.

# Perlen einstricken

Wenn wir Perlen für eine Halskette auffädeln oder für ein Armkettchen aneinandernähen, können wir sie während des Arbeitens beliebig aussuchen und zusammenstellen.

Anders verhält es sich, wenn wir Perlen einstricken oder einhäkeln möchten. In diesen Fällen werden nämlich alle Perlen vor Beginn der eigentlichen Arbeit auf den Faden des Garnknäuels aufgefädelt. Das Perlenmuster wird also im voraus festgelegt, die Perlen in der entsprechenden Reihenfolge aufgefasst und während des Strickens oder Häkelns zwischen die Maschen geschoben.

Im Gestrickten kommen die Perlen auf das Fadenstückchen zu liegen, das von einer Masche zur nächsten führt (Verbindungsbogen). Die Perlen kommen am besten zur Geltung, wenn sich diese Verbindungsbogen zwischen linken Maschen befinden.

Wenn wir Rippchen stricken (d. h. Vorder- und Rückseite rechte Maschen), erscheinen ja in jeder zweiten Reihe die Maschen auf der Vorderseite als linke Maschen. Wir können also immer dann, wenn wir auf der Rückseite der Arbeit rechts stricken, Perlen zwischen die Maschen schieben. Sie kommen dann auf der Vorderseite der Arbeit zwischen den links erscheinenden Maschen zur Geltung:

Auf einer glatt rechts gestrickten Fläche (d. h. wenn die Vorderseite rechts und die Rückseite links gestrickt wird) befänden sich hingegen alle eingestrickten Perlen auf der Rückseite der Arbeit. Aus diesem Grund wird – beispielsweise an einem Rollmützchen (siehe S. 75) – die glatt rechts gestrickte Seite als Rückseite genommen und die links erscheinende, mit Perlen geschmückte Fläche als Vorderseite:

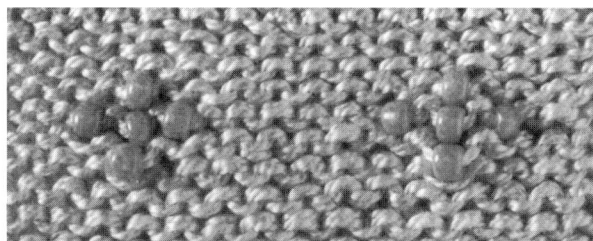

   Zwar können wir auch auf einer glatt rechts gestrickten Fläche einzelne Perlen wirkungsvoll einstricken, aber nur dann, wenn wir jeweils die Masche vor und nach der Perle links stricken, damit der Verbindungsbogen, auf dem die Perle sitzt, auf die Vorderseite zu liegen kommt:

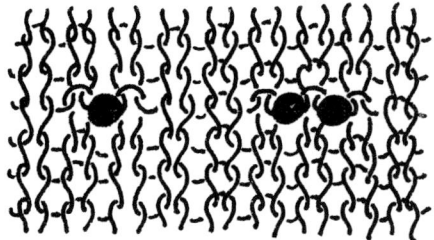

■ ● ■ ● ■ ● ■ ● ■ ● ■ ● ■ ● ■ ● ■

**Tip**

Es kann vorkommen, dass eine eingestrickte Perle aussieht, als wäre sie von der richtigen Stelle weggerutscht. Sie kann sogar auf der falschen Seite der Strickarbeit erscheinen. In diesen Fällen handelt es sich fast nie um einen Strickfehler. Die Perle ist lediglich unter ein Maschenglied gerutscht und kann mit den Fingerspitzen oder mit der Stricknadel wieder an die richtige Stelle geschoben werden.

■ ● ■ ● ■ ● ■ ● ■ ● ■ ● ■ ● ■ ● ■

**Das Auffädeln
der Perlen
vor dem Stricken**

Noch etwas gilt es zu bedenken, wenn wir Perlen in einem bestimmten Muster auf der Strickfläche verteilen wollen: Jene Perlen, die wir zuerst auffädeln, werden bis zum Knäuel geschoben und sind somit die letzten, die eingestrickt werden.

Es ist also so, dass wir diejenigen Perlen, die zuletzt eingestrickt (oder eingehäkelt) werden sollen, zuerst auffassen müssen.

Als Beispiel dient uns das kleine Geldtäschchen mit dem 5 cm langen Metallbügel auf Seite 65. Diesem Geldtäschchen liegt folgendes Schema zugrunde:

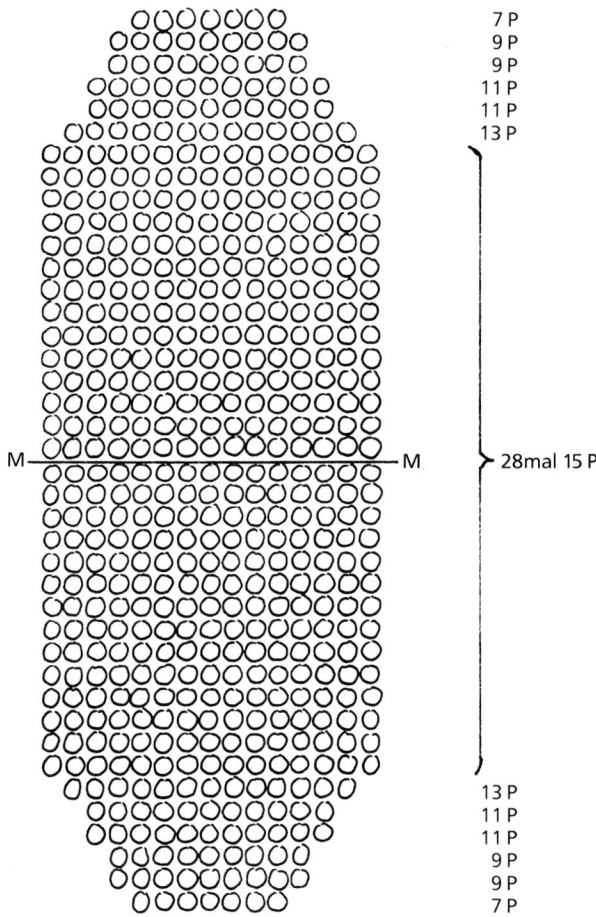

7 P
9 P
9 P
11 P
11 P
13 P

M ———————————— M   28mal 15 P

13 P
11 P
11 P
9 P
9 P
7 P

Wir können verschiedene Perlen einer einzigen Farbfamilie,
z. B. Rosa, wirken lassen, was übrigens sehr hübsch aussieht.
Glitzernde, matte, schillernde, transparente, hell- und dunkelrosarote Perlen fädeln wir, dem Schema entsprechend (7, 9,
9, 11, 11, 13, 28mal 15, 13, 11, 11, 9, 9, 7) in Reihen auf: 7
glitzernde, 9 matte, 9 schillernde, 11 transparente usw.

Andere Muster zeichnen wir in ihren Farben in das Schema
ein. Klare, einfache Motive sehen hübsch aus:

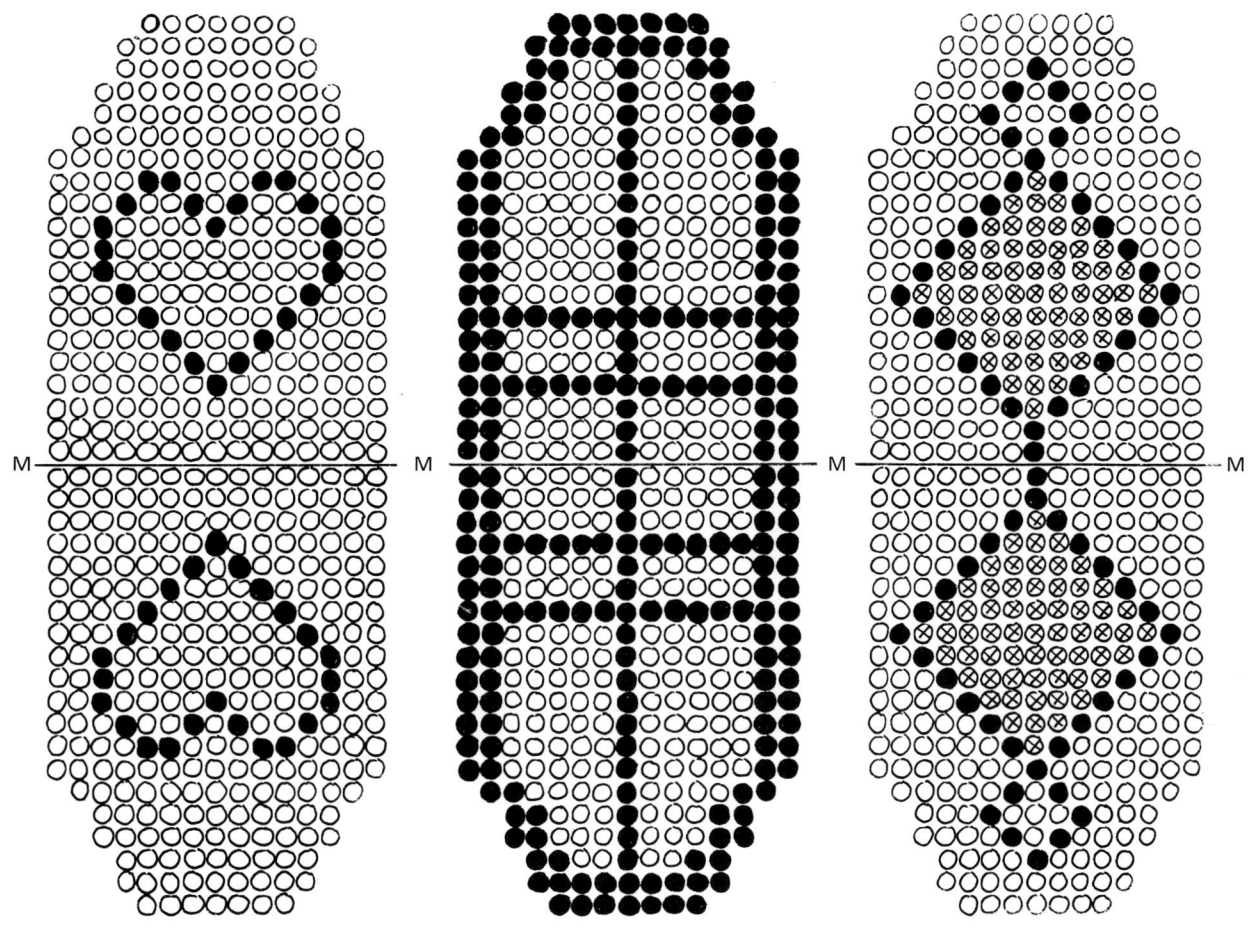

Alle diese Muster sind spiegelbildlich, und zwar längs (also oben und unten gegengleich) und quer (also links und rechts gegengleich). Deshalb kommt es nicht darauf an, ob wir mit dem Auffassen der Perlen oben oder unten, links oder rechts anfangen.

Anders verhält es sich, wenn wir ein nicht spiegelbildliches Muster, z. B. ein Monogramm, einstricken.

Nach dem Aufzeichnen des Musters fädeln wir die Perlenreihen von unten nach oben auf, und zwar immer von links nach rechts.

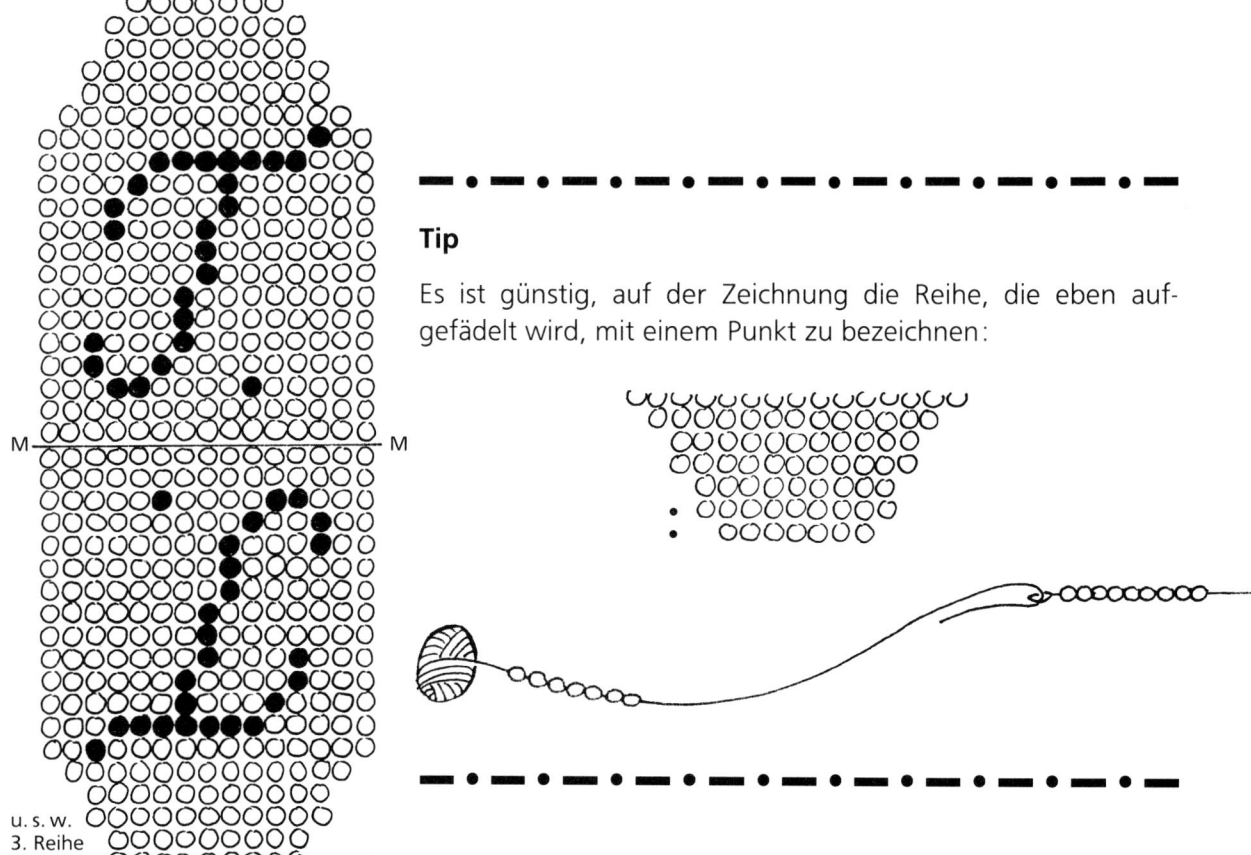

**Tip**

Es ist günstig, auf der Zeichnung die Reihe, die eben aufgefädelt wird, mit einem Punkt zu bezeichnen:

u. s. w.
3. Reihe
2. Reihe
1. Reihe →

Wenn wir die Vorder- und Rückseite des Täschchens <u>genau gleich</u> ausführen möchten, genügt es natürlich, nur die eine Seite zu zeichnen. Allerdings müssen wir mit dem Auffädeln vorsichtig sein:

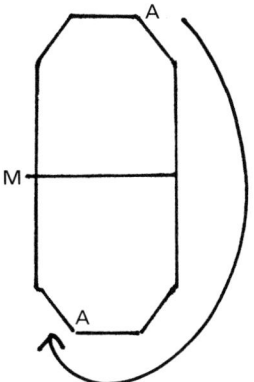

Wir beginnen bei A – diese obere rechte Ecke entspricht der unteren linken (siehe Abbildung links) –, fädeln alle Reihen bis zur Mitte und anschliessend von B aus alle Reihen bis zum oberen Rand des Schemas auf.

Wenn wir bedenken, dass auf einem so kleinen Gegenstand, wie diesem Geldtäschchen 540 Perlen Platz haben, so wird uns klar, dass ein grösseres Täschchen Tausende von Perlen braucht und dass die aufgefädelte Perlenstrecke viele Meter lang sein müsste. In diesem Fall ist es sinnvoll, erst <u>die Hälfte</u> aller benötigten Perlen aufzufassen und einzustricken, dann den Faden abzuschneiden, die zweite Hälfte der Perlen aufzufädeln, das Garn mit einer doppelten Masche wieder einzusetzen und dann das Täschchen fertigzustricken.

Auch in diesem Fall ist gut zu überlegen, wo mit dem Auffassen der Perlen angefangen werden muss:

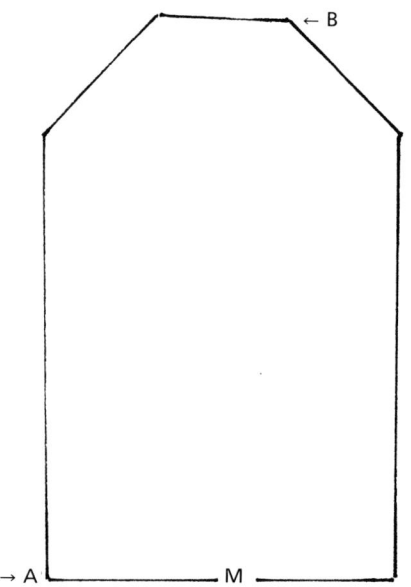

Wir beginnen bei A (= Mitte des Täschchens) und fädeln die Perlen aller Reihen, immer von links nach rechts, bis zum oberen Rand auf. Wenn alle diese Perlen eingestrickt sind, schneiden wir den Faden ab und fädeln erst dann die Perlen von B aus, immer von rechts nach links, bis zur Mitte des Täschchens auf.

Genaue Anleitung zum Geldtäschchen auf Seite 65.

**Aufzeichnen eines Perlenmusters**

Wie erwähnt, werden Perlen meistens in Rippchen eingestrickt. (Rippchen = Vorder- und Rückseite werden rechts gestrickt.) Die Perlen werden nur auf der Rückseite zwischen die Maschen geschoben (und erscheinen auf der Vorderseite); die Vorderseite wird ohne Perlen gestrickt.

Zum Aufzeichnen eines Perlenmusters, leistet uns ein kariertes Blatt Papier gute Dienste. Jedes Karo entspricht einer Masche (und zwar einer auf der Rückseite gestrickten Masche; die Maschen der Vorderseite werden gar nicht aufgezeichnet).

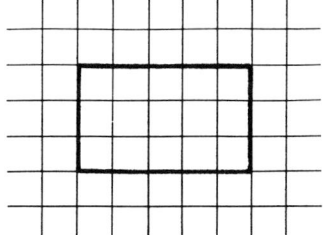

Diese karierte Fläche zum Beispiel zeigt eine gestrickte Fläche von 3 Rippchen, 5 Maschen breit.

Wichtig: Wir dürfen das Perlenmuster nicht (wie z. B. ein Kreuzstichmuster) in die Karos zeichnen, denn die Perlen kommen ja nicht anstelle einer Masche, sondern zwischen die Maschen zu liegen!

An den seitlichen Rändern sollten 2 Maschen (die Randmasche und 1 weitere Masche) ohne Perlen gestrickt werden, damit das fertig gestrickte Täschchen an den Metallbügel bzw. seitlich zusammengenäht werden kann. Nach dem Anschlag sollten 4 Reihen ohne Perlen gestrickt werden (die 5. ist dann eine Rückreihe).

Beispiel:
Anschlagmaschenzahl = Perlenzahl der ersten Reihe + 3

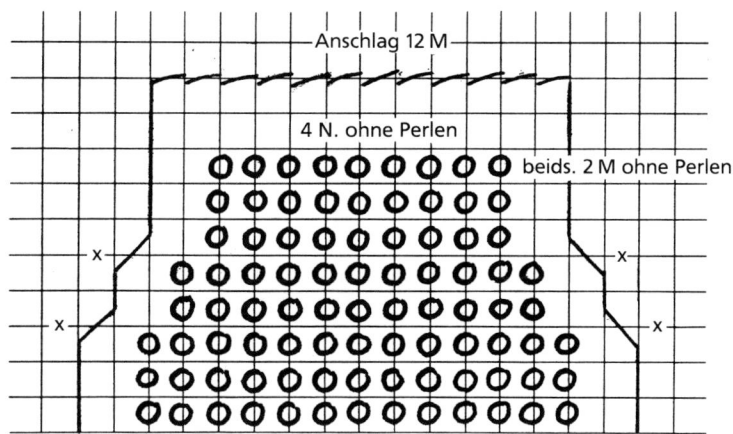

x = Aufnehmen werden stets auf der Vorderseite innerhalb der Rdm. gemacht.

**Berechnen der Perlen-
und Maschenzahl für ein
Täschchen mit einem
beliebig grossen Bügel**

Die kleinen Geldtäschchen lassen sich nach dem Schema auf Seite 56 arbeiten und ohne Probleme in den kleinen, nur 5 cm breiten Metallbügel nähen.

Es sollte uns aber auch gelingen, selbst die Maschen für ein Täschchen mit einem grösseren Metallbügel zu berechnen. Allerdings sollte der Bügel nicht <u>zu</u> breit (höchstens etwa 15 cm) und nicht zu wuchtig sein. Ausserdem sollte er <u>ange-näht</u> werden können, also eine <u>gelochte</u> innere Kante oder eine <u>durchbrochene</u>, feine Verzierung aufweisen.

Natürlich kommen wir um eine <u>Maschenprobe</u> nicht herum. Allerdings genügt es, wenn wir diese für die <u>halbe</u> Bügelbreite machen. (Wir können diese bezeichnen, indem wir z. B. einen Faden ganz fest um die Mitte des <u>geöffneten</u> Bügels herumbinden, siehe Zeichnung Seite 63.)

Wir fädeln mit Hilfe einer Fadenschlinge (siehe Seite 11), je nach <u>Höhe</u> des Bügels, eine Perlenreihe von 60–80 cm auf das Garn, das wir am Täschchen verwenden wollen (siehe Seite 9). Dann schieben wir die Perlen zum Knäuel und schlagen auf einer kurzen Nadel Nr. 2 25 Maschen an und stricken 4 Reihen <u>ohne</u> Perlen:

Wir stricken – wie am ganzen Täschchen – <u>Rippchen</u>, also alles rechte Maschen, ausser den Randmaschen. Diese stricken wir <u>immer links</u> und ziehen sie gut an.
Die nächste Reihe (es ist die Rückseite) ist die erste Perlenreihe: Wir schieben einige Perlen vom Knäuel zur Strickarbeit und legen das Garn so um die linke Hand, dass die Perlen zwischen dem Zeigefinger und der Strickarbeit sitzen. Wir stricken die Randmasche und dann 1 Masche rechts, * schieben eine Perle dicht zu den bereits gestrickten Maschen, stricken 1 Masche rechts *, wiederholen stets von * zu * und schliessen mit einer Masche rechts und der Randmasche ab. Die Vorderseite wird ohne Perlen rechts gestrickt.

Wenn wir so viele Perlenreihen gestrickt haben, dass wir den geöffneten Bügel auflegen können, zählen wir die benötigten Perlenreihen mit der entsprechenden Anzahl Perlen bis zur Mitte-Bezeichnung ab:

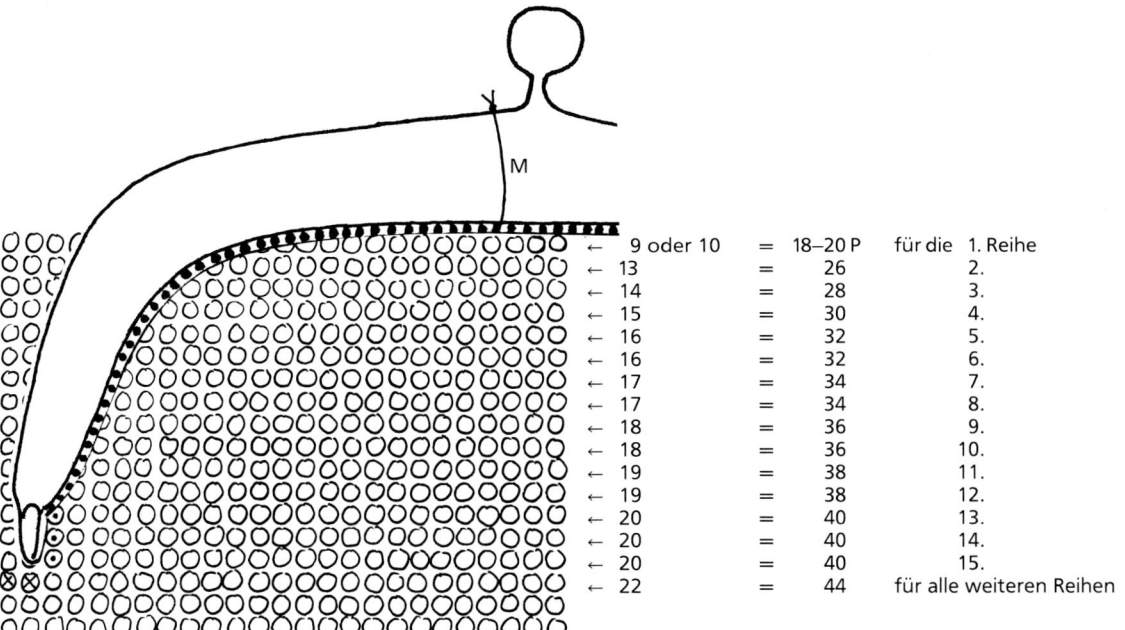

| | | | | |
|---|---|---|---|---|
| ← | 9 oder 10 | = | 18–20 P | für die 1. Reihe |
| ← | 13 | = | 26 | 2. |
| ← | 14 | = | 28 | 3. |
| ← | 15 | = | 30 | 4. |
| ← | 16 | = | 32 | 5. |
| ← | 16 | = | 32 | 6. |
| ← | 17 | = | 34 | 7. |
| ← | 17 | = | 34 | 8. |
| ← | 18 | = | 36 | 9. |
| ← | 18 | = | 36 | 10. |
| ← | 19 | = | 38 | 11. |
| ← | 19 | = | 38 | 12. |
| ← | 20 | = | 40 | 13. |
| ← | 20 | = | 40 | 14. |
| ← | 20 | = | 40 | 15. |
| ← | 22 | = | 44 | für alle weiteren Reihen |

An der Stelle des seitlichen Scharniers kann das Gestrickte über die Höhe von 3 Perlenreihen (diese sind in der Zeichnung mit ☉ bezeichnet) nicht angenäht werden. Das macht aber nichts.

Auf keinen Fall sollten wir jedoch mit der Herstellung des Täschchens in dieser Breite weiterfahren; das Täschchen würde zu schmal für diesen Bügel. Wir geben nochmals 2 Perlen zu (diese sind mit ⊗ bezeichnet) und arbeiten in dieser Breite weiter.

Für kleine Bügel genügen um die fertige Perlenfläche herum je 2 Maschen für das An- bzw. Zusammennähen. (Die senkrechte Naht unterhalb des Bügelchens wird zwischen der Randmasche und der ersten Masche genäht).

Dies bedeutet: Anschlagsmaschenzahl = Perlenzahl der ersten Reihe + 3 Maschen.

Für grössere Bügel empfiehlt es sich, an den Rändern je 3 Maschen ohne Perlen zu stricken. (Die senkrechte Naht wird 1 Masche tiefer genäht.)

Dies bedeutet: Anschlagsmaschenzahl = Perlenzahl der ersten Reihe + 5 Maschen.

━ • ━ • ━ • ━ • ━ • ━ • ━ • ━ • ━ • ━

### Tip

Sollte der Bügel nicht gut angenäht werden können, weil das Gestrickte neben den Perlen zu knapp ausgefallen ist, kann vor dem Annähen eine Reihe fester Maschen angehäkelt werden.

━ • ━ • ━ • ━ • ━ • ━ • ━ • ━ • ━

Auf der Zeichnung handelt es sich um einen grossen Bügel. An den Rändern stricken wir also 3 Maschen ohne Perlen. Wir lesen auf der Zeichnung folgende Arbeitsanleitung ab:

Anschlag 25 Maschen. (Die Randmaschen sind inbegriffen, es werden Rippchen gestrickt. oP = ohne Perlen.)
4 Reihen oP
5. Reihe (Rückseite): 3 M oP, 20 P einstr., 3 M oP          (25 M)
6. Reihe (Vorderseite): 3 M anschl., Reihe str. oP,
 3 M anschl.          (31 M)
7. Reihe (Rückseite): 3 M oP, 26 P einstr., 3 M oP          (31 M)
8. Reihe (Vorderseite): Nach der Rdm 1 M aufn.,
 Reihe str. oP, vor der Rdm 1 M aufn.          (33 M)
9. Reihe (Rückseite): 3 M oP, 28 P einstr., 3 M oP usw.     (33 M)

# Perlen-Portemonnaie

Dieses hübsche Portemonnaie ist so klein, dass es überall Platz findet. Es ist in Rippen gestrickt und mit 540 Perlen geschmückt. Der innere Rand des Bügelchens ist gelocht, damit das Gestrickte angenäht werden kann.

**Material**

Dünnes Baumwollgarn (siehe Seite 9)
verschiedenfarbige Perlen (Rocailles)
Perlennadel Nr. 10 für eine Fadenschlinge (siehe Seite 11)
2 kurze Stricknadeln Nr. 2 (aus einem Spiel)
1 Metallbügelchen, 5 cm breit (siehe Bezugsquellen, Seite 100)

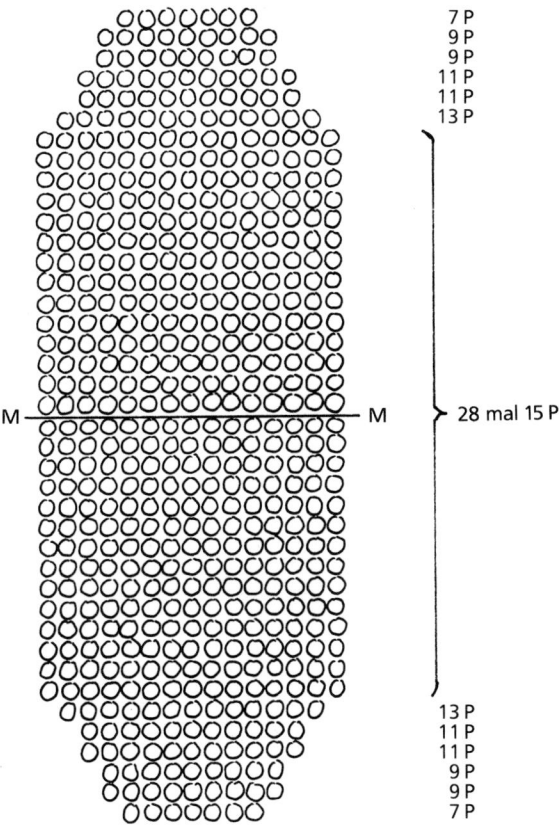

7 P
9 P
9 P
11 P
11 P
13 P

M      M    28 mal 15 P

13 P
11 P
11 P
9 P
9 P
7 P

■ • ━ • ━ • ━ • ━ • ━ • ━ • ━ • ━ • ━

**Tip**

Von diesem Schema könnten Sie einige Kopien herstellen, damit Sie verschiedene Muster, evtl. in den entsprechenden Farben, einzeichnen können.

■ • ━ • ━ • ━ • ━ • ━ • ━ • ━ • ━ • ━

Grundsätzliche Überlegungen zur Reihenfolge beim Auffädeln finden sich auf den Seiten 56.

**Arbeitsfolge**

Nach dem Auffädeln (siehe Fadenschlinge, Seite 11, und Auffädeln der Perlen, Seite 56) fangen wir mit dem Stricken an.

**Zeichenerklärung**

R (Randmasche) = erste und letzte Masche immer links stricken und gut anziehen
A = 1 Masche verschränkt aufnehmen
M = Masche
Mr = Masche rechts
P = Perle
x = mal
2 Mliz = 2 Maschen links zusammenstricken
Vo = Vorderseite
Rü = Rückseite

━ • ━ • ━ • ━ • ━ • ━ • ━ • ━ • ━ •

**Tip**

Weich anschlagen und abketten, aber eher hart stricken.

■ • ━ • ━ • ━ • ━ • ━ • ━ • ━ • ━ • ━

10 M anschlagen und 4 Reihen rechts stricken.

5. Reihe (Rü): R, 1 Mr; P, 1 Mr (7x); R                    (7 Perlen)
6. Reihe (Vo): R, A, 8 Mr, A, R (= 12 M)

7. Reihe (Rü): R, 1 Mr; P, 1 Mr (9x); R                    (9 Perlen)
8. Reihe (Vo): R, 10 Mr, R (= 12 M)

9. Reihe (Rü): R, 1 Mr; P, 1 Mr (9x); R                    (9 Perlen)
10. Reihe (Vo): R, A, 10 Mr, A, R (= 14 M)

11. Reihe (Rü): r, 1 Mr; P, 1 Mr (11x); R                  (11 Perlen)
12. Reihe (Vo): R, 12 Mr, R (= 14 M)

13. Reihe (Rü): R, 1 Mr; P, 1 Mr (11x); R                 (11 Perlen)
14. Reihe (Vo): R, A, 12 Mr, A, R (= 16 M)

15. Reihe (Rü): R, 1 Mr; P, 1 Mr (13x); R                 (13 Perlen)
16. Reihe (Vo): R, A, 14 Mr, A, R (= 18 M)

17. Reihe (Rü): R, 1 Mr; P, 1 Mr (15x); R                 (15 Perlen)
18. Reihe (Vo): R, 16 Mr, R (= 18 M)

In der Breite von 18 Maschen (15 Perlen) insgesamt 28 Perlenreihen stricken, also 28mal abwechselnd die 17. und 18. Reihe.

72. Reihe (Vo): (keine R) 2 Mliz, 14 Mr, 2 Mliz (= 16 M)

73. Reihe (Rü): R, 1 Mr; P, 1 Mr (13x); R                 (13 Perlen)
74. Reihe (Vo): 2 Mliz, 12 Mr, 2 Mliz (= 14 M)

75. Reihe (Rü): R, 1 Mr; P, 1 Mr (11x); R                 (11 Perlen)
76. Reihe (Vo): R, 12 Mr, R (= 14 M)

77. Reihe (Rü): R, 1 Mr; P, 1 Mr (11x); R                 (11 Perlen)
78. Reihe (Vo): 2 Mliz, 10 Mr, 2 Mliz (= 12 M)

79. Reihe (Rü): R, 1 Mr; P, 1 Mr (9x); R                  (9 Perlen)
80. Reihe (Vo): R, 10 Mr, R (= 12 M)

81. Reihe (Rü): R, 1 Mr; P, 1 Mr (9x); R                  (9 Perlen)
82. Reihe (Vo): 2 Mliz, 8 Mr, 2 Mliz (= 10 M)

83. Reihe (Rü): R, 1 Mr; P, 1 Mr (7x); R                  (7 Perlen)

Anschliessend stricken wir 3 Reihen rechts, ketten die Maschen weich ab und vernähen die Fäden im Anschlags- bzw. Abkettrand.

Jetzt nähen wir das Bügelchen an (z. B. mit Nähseide), und zwar mit einem Faden, dessen Farbe möglichst der Färbung des Metalls entspricht.

Dazu fädeln wir einen Faden von ca. 70 cm Länge doppelt in eine feine Nähnadel ein.

Wir stechen auf der Höhe der 5. Perlenreihe durch den Knötchenrand, fassen die Schlinge auf (1) und ziehen den Faden an.

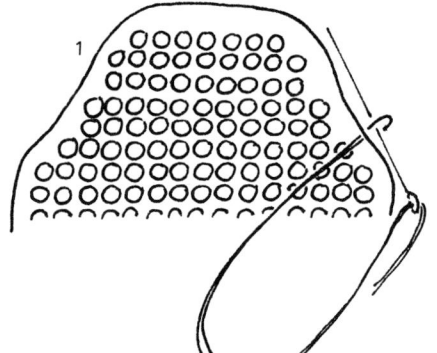

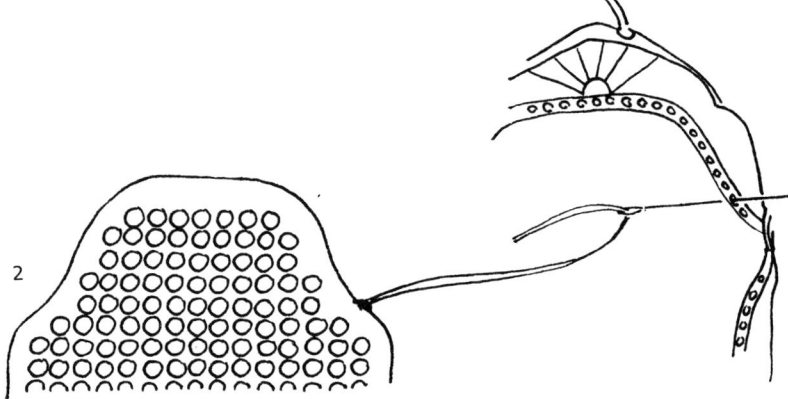

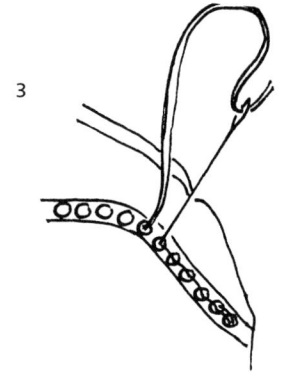

Dann stechen wir von innen nach aussen durch das zweitletzte Löchlein des Bügels (2), ziehen den Faden heraus und ziehen so das Gestrickte unter den Bügel. Jetzt stechen wir von aussen nach innen durch das unterste Löchlein. Zur Verstärkung wiederholen wir diese beiden Stiche.

Während wir nun mit Steppstichen weiternähen (Steppstiche sind Hinterstiche, die aneinanderstossen, 3), achten wir darauf, dass die mittlere der 7 obersten Perlen in die Mitte des

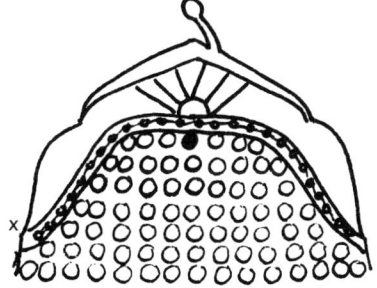

4

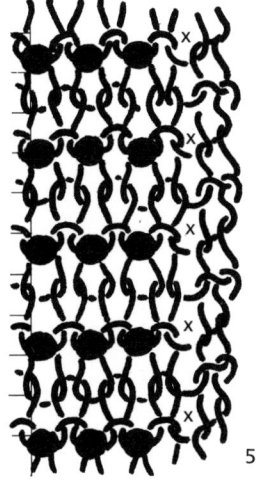

5

Bügels zu liegen kommt (siehe ● in Zeichnung 4). Die Perlen der 5. Reihe sollten sich wieder auf der Höhe des zweituntersten Löchleins befinden (siehe x).

Den letzten Stich nähen wir wieder doppelt und versuchen, den Faden auf der Innenseite zu vernähen.

Auf die gleiche Weise nähen wir die zweite Bügelhälfte an.

Das Portemonnaie wird nun seitlich <u>zwischen der Randmasche und der darauffolgenden Masche</u> zusammengenäht (siehe x in Zeichnung 5).

Wir fädeln einen Faden des Strickgarns in eine stumpfe Wollnadel ein und stechen unterhalb der 7. Perlenreihe (× in der Zeichnung 6) innerhalb der Randmasche von innen nach aussen durch den gestrickten Rand und lassen vom Faden einige Zentimeter vorstehen.

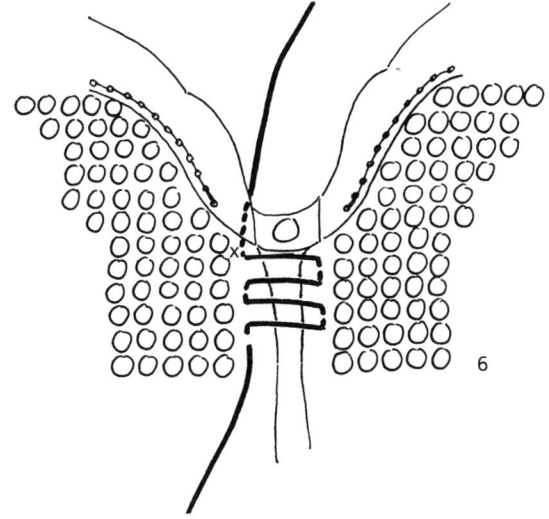

6

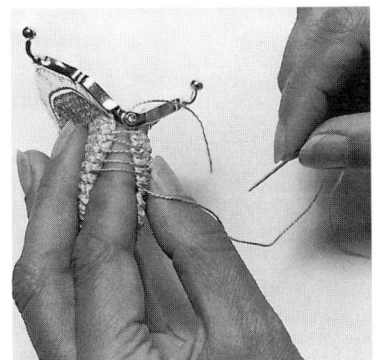

Mit Gegen-(Matratzen-)stichen nähen wir die beiden Ränder lose zusammen (siehe Zeichnung und Foto), stechen am Schluss auf die Innenseite, wenden die Arbeit, ziehen an beiden Fadenenden und vernähen diese in der Naht.

# Rosettas Geldbeutelchen

Dieses ganz entzückende Geldbeutelchen kommt aus Rosettas Werkstatt, und ich freue mich sehr, dass ich es in mein Buch aufnehmen darf.

Weil an diesem Geldbeutelchen nur eine Perlensorte vorkommt, brauchen wir die Perlen während des Auffädelns nicht abzuzählen, sondern können mit Hilfe einer Fadenschlinge (siehe Seite 11) einfach eine ausreichende Menge auf das Garn auffädeln. Wir benötigen eine aufgefädelte Perlenstrecke von ungefähr 90 cm.

**Material**

Schwarzes Garn, z. B. Perlgarn Nr. 8, doppelt genommen
3 kurze Stricknadeln Nr. 2 (aus einem Spiel)
goldene Rocailleperlen
1 goldener Metallbügel, 5 cm breit

**Zeichenerklärung**

R (Randmasche) = erste und letzte Masche immer links stricken und gut anziehen
A = 1 Masche verschränkt aufnehmen
Ü (überzogenes Abnehmen) = 1 M rechts abheben, 1 M r stricken, dann die abgehobene M über die gestrickte heben
Mr = Masche rechts
x = mal
P = Perle
Vo = Vorderseite
Rü = Rückseite

■—•—•—■—•—•—•—■—•—•—•—■—•—■

**Tip**

Weich anschlagen, aber eher hart stricken.

■—•—•—■—•—•—•—■—•—•—•—■—•—■

Perlenschema für eine Hälfte:

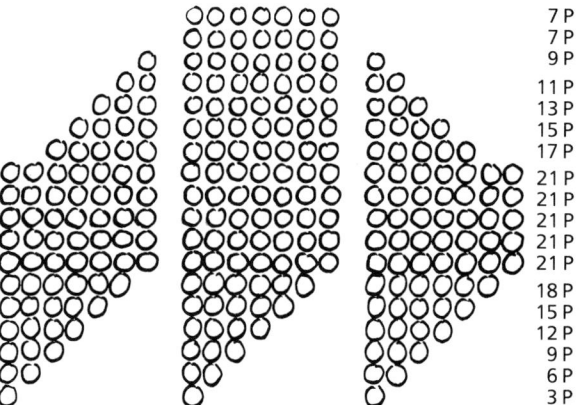

| | |
|---|---|
| | 7 P |
| | 7 P |
| | 9 P |
| | 11 P |
| | 13 P |
| | 15 P |
| | 17 P |
| | 21 P |
| | 21 P |
| | 21 P |
| | 21 P |
| | 21 P |
| | 18 P |
| | 15 P |
| | 12 P |
| | 9 P |
| | 6 P |
| | 3 P |

**Arbeitsfolge, erste Hälfte**

10 Maschen anschlagen und 4 Reihen rechts stricken.

5. Reihe (Rü): R, 1 Mr; P, 1 Mr (7x); R          (7 Perlen)
6. Reihe (Vo): R, A, 8 Mr, A, R

7. Reihe (Rü): R, 2 Mr; P, 1 Mr (7x); 1 Mr, R          (7 Perlen)
8. Reihe (Vo): R, A, 10 Mr, A, R

9. Reihe (Rü): R, 1 Mr, P, 2 Mr; P, 1 Mr (7x); 1 Mr, P, 1 Mr, R
          (9 Perlen)

10. Reihe (Vo): R, A, 12 Mr, A, R

11. Reihe (Rü): R; 1 Mr, P (2x); 2 Mr; P, 1 Mr (7x); 1 Mr;
          P, 1 Mr (2x); R          (11 Perlen)
12. Reihe (Vo): R, A, 14 Mr, A, R

13. Reihe (Rü): R; 1 Mr, P (3x); 2 Mr; P, 1 Mr (7x); 1 Mr;
          P, 1 Mr (3x); R          (13 Perlen)
14. Reihe (Vo): R, A, 16 Mr, A, R

15. Reihe (Rü): R; 1 Mr, P (4x); 2 Mr; P, 1 Mr (7x);
          1 Mr; P, 1 Mr (4x); R          (15 Perlen)
16. Reihe (Vo): R, A, 18 Mr, A, R

17. Reihe (Rü):  R; 1 Mr, P (5x); 2 Mr; P, 1 Mr (7x); 1 Mr;
P, 1 Mr (5x); R           (17 Perlen)

18. Reihe (Vo):  R, A, 20 Mr, A, R

19. Reihe (Rü):  R, A; P, 1 Mr (7x); 1 Mr; P, 1 Mr (7x);
1 Mr, P (7x); A, R         (**21** Perlen)

In dieser Breite von 26 Maschen (3 Siebnergruppen mit Perlen) stricken wir insgesamt 5 Perlenreihen (siehe Schema Seite 72).

28. Reihe (Vo):  R; 6 Mr, Ü (3x); R

29. Reihe (Rü):  R, 1 Mr; P, 1 Mr (6x); 1 Mr; P, 1 Mr (6x); 1 Mr;
P, 1 Mr (6x); R          (18 Perlen)

30. Reihe (Vo):  R; 5 Mr, Ü (3x); R

31. Reihe (Rü):  R, 1 Mr; P, 1 Mr (5x); 1 Mr; P, 1 Mr (5x); 1 Mr;
P, 1 Mr (5x); R          (15 Perlen)

32. Reihe (Vo):  R; 4 Mr, Ü (3x); R

33. Reihe (Rü):  R, 1 Mr; P, 1 Mr (4x); 1 Mr; P, 1 Mr (4x); 1 Mr;
P, 1 Mr (4x); R          (12 Perlen)

34. Reihe (Vo):  R; 3 Mr, Ü (3x); R

35. Reihe (Rü):  R, 1 Mr; P, 1 Mr (3x); 1 Mr; P, 1 Mr (3x); 1 Mr;
P, 1 Mr (3x); R          (9 Perlen)

36. Reihe (Vo):  R; 2 Mr, Ü (3x); R

37. Reihe (Rü):  R, 1 Mr; P, 1 Mr (2x); 1 Mr; P, 1 Mr (2x); 1 Mr;
P, 1 Mr (2x); R          (6 Perlen)

38. Reihe (Vo):  R; 1 Mr, Ü (3x); R

39. Reihe (Rü):  R, 1 Mr, P; 2 Mr, P (2x); 1 Mr, R       (3 Perlen)

40. Reihe (Vo):  Keine R, sondern 4 Ü

Die 4 restlichen Maschen bleiben vorläufig auf der Nadel. Vom Faden lassen wir ca. 20 cm vorstehen und schneiden ihn ab.

Auf die gleiche Weise stricken wir nun die zweite Hälfte des Geldbeutelchens.

Wir legen die beiden Hälften vor uns hin (siehe Zeichnung), fädeln den 1. Faden in eine stumpfe Wollnadel ein und fassen alle Maschen von A nach B und von C nach D auf.

Mit dem 2. Faden fassen wir die Maschen sorgfältig von C nach D und von A nach B auf.

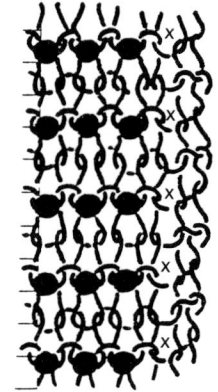

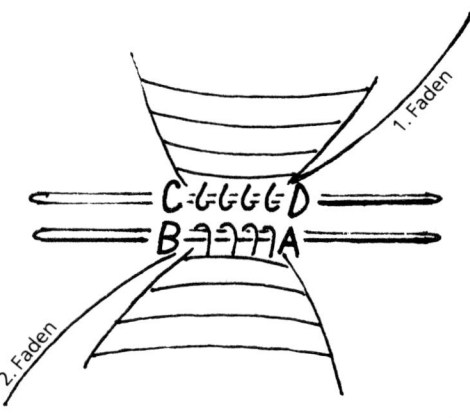

Wir ziehen die Fäden gut an und nähen mit ihnen das Beutelchen seitlich zusammen, und zwar mit Gegen-(Matratzen-)stichen zwischen der Randmasche und der folgenden Masche (siehe x auf der Zeichnung links).

Wir hören mit dem Zusammennähen nicht am oberen Rand der breitesten Stelle auf, sondern nähen weiter, bis wir auf der Höhe der sechstobersten Perlenreihe angelangt sind. Dann ziehen wir den Faden gut an und vernähen ihn im zusammengenähten Knötchenrand.

Das Annähen des Bügels ist auf Seite 68 beschrieben.

# Rollmützchen

Dieses reizende Rollmützchen sieht links gestrickt aus. Es wird jedoch nach dem Rollrand gewendet und ebenfalls rechts weitergestrickt. Die Perlen, die wir von nun an einstricken, kommen auf die linke Seite zu liegen und sind erst dann zu sehen, wenn wir das fertige Mützchen wieder wenden.

**Material**

1 Knäuel weisses Garn (z. B. Marisa, Schulgarn, Diana)
1 Spiel Stricknadeln Nr. 2½. (Wenn Sie sehr locker stricken, nehmen Sie Nr. 2.)
hellblaue und rote Perlen
Fadenschlinge (siehe Seite 11)

**Arbeitsfolge**

Weil wir für den Rollrand 5–7 cm ohne Perlen stricken, wäre es unklug, die Perlen von Anfang an auf den Faden des Knäuels aufzufädeln und immer weiterzuschieben. Wir stricken also den Rollrand, schneiden den Faden ab, fädeln die Perlen mit Hilfe einer Fadenschlinge (siehe Seite 11) auf den Faden des Knäuels, wenden die Strickarbeit, setzen den Faden wieder ein und stricken in umgekehrter Richtung weiter.

Wir schlagen 120 Maschen an. (Dies ergibt am fertigen Mützchen eine gemessene Weite von 36 cm. Das Gestrickte dehnt sich und passt sich der Kopfform an.)

Für den Rollrand stricken wir 5–7 cm glatt rechts, lassen vom Faden etwa 10 cm vorstehen und schneiden ihn ab.

In einer Runde werden 12 Blümchen eingestrickt. Am ganzen Mützchen sind es 11 Blümchenreihen und zuoberst einige einzelne Perlen.

Diese einzelnen Perlen, es sind 15 blaue, fädeln wir nun zuerst auf den Faden des Knäuels (die zuerst aufgefassten werden als letzte eingestrickt!).

Anschliessend fassen wir die Perlen folgendermassen auf:

| 12 blaue | 12mal 1 blau, 1 rot, 1 blau | 12 blaue |

Diese Perlenreihe (sie reicht für eine Blümchenrunde) müssen wir im ganzen 11mal auffassen.

(Diese Perlen müssen nun immer wieder in kleinen Gruppen zum Knäuel geschoben werden. Dies ist vor allem am Anfang beschwerlich, wenn die Perlenreihe noch lang ist.)

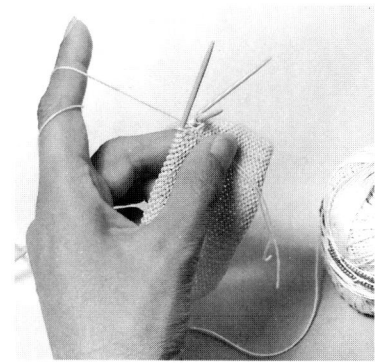

Wir wenden nun die Strickarbeit, halten das Fadenende und den Faden des Knäuels mit dem linken Daumen fest (siehe Foto) und stricken in umgekehrter Richtung immer rechts weiter, und zwar zuerst eine Runde ohne Perlen.

Von nun an werden die Perlen für die Blümchen eingestrickt. Es ist nicht nötig, dass die Blümchen regelmässig verteilt werden. Aber eine Regel gibt es: Auf jeder Stricknadel werden 3 Blümchen eingestrickt (4 mal 3 = 12 Blümchen).

1. Runde: Während des Strickens werden auf jeder Nadel 3 blaue Perlen verteilt (= 12).
2. Runde: Über jeder Perle der ersten Runde werden nun deren 3 plaziert: 1 blaue vor der Perle aus der ersten Runde, 1 rote über der Perle und eine blaue nach der Perle, mit je einer Masche dazwischen:

3. Runde: Genau gleich wie die erste Runde.
4. bis 6. Runde: Stricken ohne Perlen.

Die 1. bis 6. Runde stricken wir im ganzen 9mal, genau gesagt: Nach der 9. Blümchenreihe stricken wir nur noch eine Runde ohne Perlen.

Obschon noch aufgefädelte Perlen für zwei weitere Blümchenreihen auf dem Faden sitzen, beginnen wir nun mit dem 10er Sternabnehmen :

Von * bis * immer wiederholen.

1. Runde : * Überzogenes Abnehmen, 10 Maschen rechts *
2. Runde : Alle Maschen rechts.

3. Runde : * Überzogenes Abnehmen, 9 Maschen rechts *
4. Runde : Alle Maschen rechts.

5. Runde : * Überzogenes Abnehmen, 8 Maschen rechts *
6. Runde : Alle Maschen rechts.

Und so weiter bis zum Nullerabnehmen. (Die Perlen werden weiterhin eingestrickt; die Blümchen müssen zwischen dem Abnehmen verteilt werden. Die 15 einzelnen Perlen werden nach Belieben eingestrickt.)

Nach dem Nullerabnehmen können wir die Maschen mit dem Fadenende zusammenziehen und – auf der rechts gestrickten Seite! – vernähen oder mit den wenigen Maschen noch 3–4 Runden stricken, damit ein Stöpselchen entsteht, und die Maschen erst dann zusammenziehen. Alle Fäden vernähen und das Mützchen wenden.

# Perlen einhäkeln

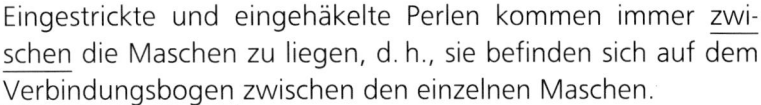

Eingestrickte und eingehäkelte Perlen kommen immer zwischen die Maschen zu liegen, d. h., sie befinden sich auf dem Verbindungsbogen zwischen den einzelnen Maschen.

Wenn wir stricken, befinden sich diese Verbindungsbogen häufig zwischen linken Maschen, also oft auf der Rückseite der Arbeit. (Aus diesem Grund wird manchmal die links erscheinende Rückseite als Vorderseite genommen, damit die Perlen zur Geltung kommen. Siehe Rollmützchen, Seite 75).

Allerdings ist es auch möglich, eine glatt rechts gestrickte Vorderseite mit Perlen zu schmücken, nämlich dann, wenn wir stets vor und nach der Perle eine linke Masche stricken. Für linke Maschen legen wir bekanntlich den Arbeitsfaden vor die Stricknadel. Dies hat zur Folge, dass auch der Verbindungsbogen zwischen linken Maschen auf die Vorderseite zu liegen kommt. Und auf eben diesem Verbindungsbogen sitzt die Perle.

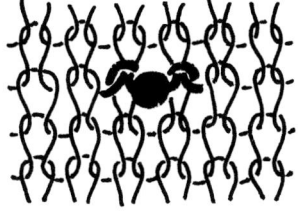

Anders verhält es sich, wenn wir häkeln. Weil es nicht möglich ist, den Arbeitsfaden nach vorn zu legen und «linke» Häkelmaschen zu häkeln, können wir, während wir auf der Vorderseite der Arbeit häkeln, keine Perlen einhäkeln. Das heisst, wir könnten es schon, aber die Perlen würden auf die Rückseite der Arbeit geraten.

Perlen werden also immer auf der Rückseite der Arbeit eingehäkelt, damit sie auf der Vorderseite erscheinen. Aus diesem Grund werden Perlenhäkeleien (z. B. Schlüsseletuis, Reissverschluss-Geldtäschchen, ja sogar der lange Träger eines Schultertäschchens) stets in Runden ausgeführt, denn das Hin- und Herhäkeln hätte auf der Vorderseite gehäkelte Reihen ohne Perlen zur Folge.

Im Unterschied zum Perlen-Einstricken ist es für das Perlen-Einhäkeln wichtig, möglichst gleich grosse Perlen zu verwenden. (Eingehäkelte Perlen bilden miteinander eine wunderbar schmiegsame, <u>dichte</u> Fläche, deren Wirkung durch kleinere oder grössere Perlen natürlich beeinträchtigt würde.)

Angaben über Garn, Fadenschlinge und Häkelnadel sind auf den Seiten 9–12 zu finden.

Wie für das Perlen-Einstricken werden auch für das Perlen-Einhäkeln vor Beginn der eigentlichen Arbeit <u>alle Perlen auf den Faden des Garnknäuels aufgefädelt</u>. Wir können <u>berechnen</u>, wie lange die aufgefädelte Perlenstrecke für eine Perlen-häkelei sein muss. Natürlich spielt die Perlengrösse auch eine Rolle; für die Berechnung gehen wir von einer durchschnittlichen Perlengrösse aus: 4 aufgefädelte, dicht aneinandergeschobene Perlen ergeben eine Strecke von 7 mm.

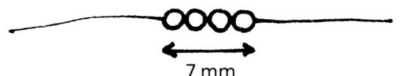

7 mm

**Beispiel für die Berechnung einer aufgefädelten Perlenstrecke**

Wir berechnen die Perlenstrecke für ein Schlüsseletui, das 36 Perlen in einer Runde aufweist und 30 Runden hoch ist:

4 Perlen ergeben eine Strecke von 7 mm.
<u>Eine Runde</u> hat 36 Perlen, also 9mal eine Strecke von 7 mm = 63 mm, d. h. <u>6,3 cm</u> aufgefädelte Perlen.
Für die Höhe von <u>30 Runden</u> brauchen wir demnach eine Strecke von 30mal 6,3 cm = 189 cm.
Für das <u>ganze</u> Schlüsseletui beträgt die aufgefädelte Perlenstrecke demnach ungefähr 1,90 m.

# *Schlüsseletui*

Diese Etuis werden besonders hübsch, wenn wir sie in einer Farbfamilie herstellen, z. B. in Rosa. Wir fädeln glitzernde, matte, schillernde, transparente, hell- und dunkelrosarote Perlen in beliebiger Reihenfolge auf, jedoch immer mindestens ein Dutzend gleiche Perlen, damit kurze Reihen davon zu sehen sind.

Das Schlüsseletui weist 36 Perlen in einer Runde auf und ist 30 Runden hoch.

**Material**

Möglichst gleichmässige Perlen
Perlen, Häkelgarn und Häkelnadel siehe Seite 8–11

**Arbeitsfolge**

1. Wir fädeln die benötigten Perlen (siehe Berechnungsbeispiel auf Seite 80) auf den Faden des Knäuels auf.

━ ● ━ ● ━ ● ━ ● ━ ● ━ ● ━ ● ━

**Tip**

Anstatt nun viele Male abmessen zu müssen, ob die benötigte Perlenstrecke von beispielsweise 1,90 m endlich erreicht sei, behelfen wir uns folgendermassen:

Wir fädeln Perlen für eine Strecke von etwa 10 cm auf, messen dann von der eingefädelten Nadel bzw. von der Fa-

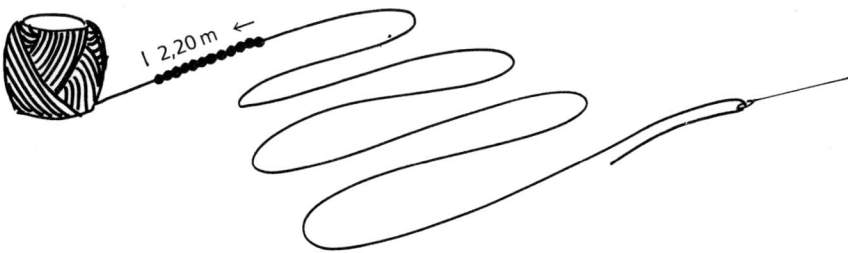

denschlinge zum Knäuel hin die benötigte Strecke von beispielsweise 1,90 m ab, geben ungefähr 30 cm zu und schieben die bereits aufgefädelten Perlen an diese Stelle.

Alle Perlen, die wir in der Folge auffassen, schieben wir anschliessend zu dieser Perlenreihe hin. Wenn noch eine Strecke von etwa 30 cm übrig bleibt, haben wir die benötigte Perlenstrecke aufgefädelt.

2. Das Fadenstück, das wegen des Nadelöhrs oder der Fadenschlinge zerzaust worden ist, schneiden wir ab. Auf keinen Fall schneiden wir jedoch die lange, aufgefädelte Perlenreihe vom Knäuel weg, denn nun müssen die Perlen (Reihen von 15–20 cm aufs Mal) immer wieder zum Knäuel geschoben werden.

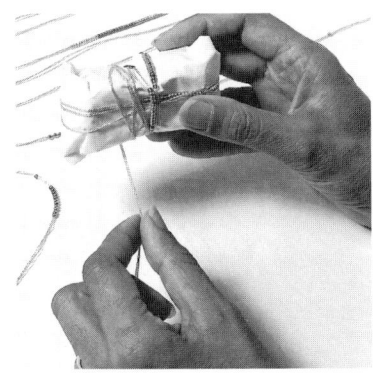

**Tip**

Damit nun der Knäuel (weil ich am liebsten das doppelt verwendete Perlgarn Nr. 8 verhäkle, sind es sogar zwei Knäuel) nicht herumzwirbelt und sich irgendwo verfängt, lege ich das Garn in ein Papier- oder Plastiksäcklein, das ich mit einer Stecknadel an der Tischkante (d. h. am Leintuch) befestige (siehe Arbeitsfläche Seite 15).

Schliesslich lege ich den (oder die) klein gewordenen Knäuel in ein Papiertaschentuch und wickle den Faden, auf dem nun in grosszügigen Abständen Perlengruppen sitzen, darum herum.

Die Arbeit ist nun vorbereitet.

Die Luftmaschenkette und die erste Runde fester Maschen werden noch ohne Perlen gehäkelt. (An einer zweiten Häkelei gelänge es wahrscheinlich, bereits nach der Luftmaschenkette mit den Perlen anzufangen.)

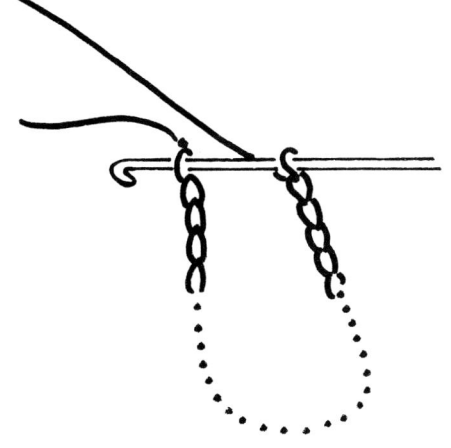

<u>3</u>. Wir lassen ein Fadenende von ca. 30 cm vorstehen, das wir später zum Zusammennähen brauchen, schlagen eine Masche an und häkeln 36 (nicht zu harte, aber auch nicht zu lockere) Luftmaschen.

Mit dieser Luftmaschenkette bilden wir einen Kreis, stechen in die erste Luftmasche (siehe Abbildung) und schliessen die erste Runde mit einer <u>Kettmasche.</u> (Eine Kettmasche häkeln wir folgendermassen: Eine Masche befindet sich auf der Häkelnadel, wir stechen ein, holen den Faden und ziehen ihn – im Unterschied zur festen Masche – <u>gleich durch beide Maschen.</u>)

Anschliessend häkeln wir eine Runde <u>fester Maschen.</u> (Feste Maschen häkeln wir folgendermassen: Eine Masche befindet sich auf der Häkelnadel, dann stechen wir ein, holen den Faden und ziehen ihn durch die Masche, in die wir eingestochen haben. Auf der Häkelnadel befinden sich nun 2 Maschen. Wir holen den Faden und ziehen ihn durch beide Maschen.)

Den Anfangsfaden legen wir vierfach und verknoten ihn leicht, damit er uns während des Arbeitens nicht stört.

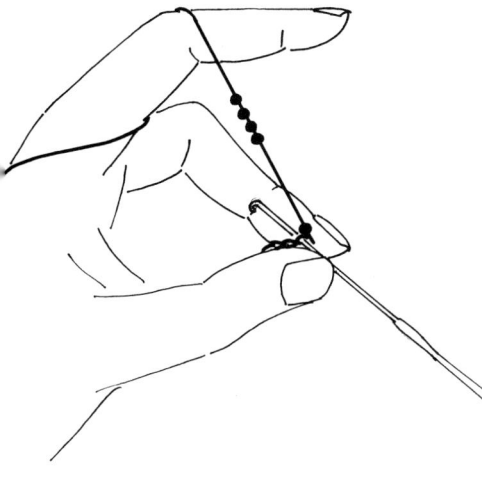

<u>4</u>. Jetzt beginnen wir mit dem Einhäkeln der Perlen.

Auf keinen Fall dürfen sich die Perlen zwischen den Fingern der linken Hand drängeln; sie müssen immer wieder zum Knäuel geschoben werden. Auf dem Fadenstück, das von der Häkelarbeit zum linken Zeigefinger führt, dürfen nur einige wenige Perlen sitzen.

Wir stechen ein (und fassen immer nur <u>ein</u> Maschenglied), schieben mit dem Mittelfinger der rechten Hand eine Perle dicht heran, holen den Faden (nach der Perle) und häkeln eine <u>feste Masche.</u>

Auf diese Weise häkeln wir nun alle Perlen ein, also: in die nächste Masche einstechen (nur das obere Maschenglied auffassen), eine Perle mit dem Mittelfinger der rechten Hand heranschieben und eine feste Masche häkeln.

Es gibt <u>keinen</u> speziellen Übergang von einer Runde zur andern, wir können einfach immer weiterhäkeln.

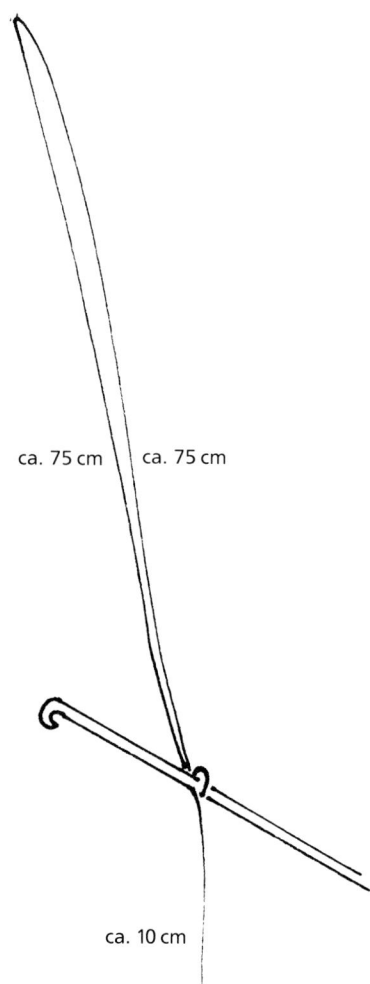

ca. 75 cm ca. 75 cm

ca. 10 cm

Nach etwa 4 Runden formt sich die Häkelei zu einer «Röhre». Das Häkeln geht leichter von der Hand, wenn die bereits eingehäkelten Perlen im Innern der Röhre liegen.

5. Nach insgesamt 30 Runden ist das Schlüsseletui fertig. Nach der letzten Perle häkeln wir eine Kettmasche, lassen vom Faden etwa 1,50 m vorstehen, schneiden ihn ab und legen ihn so doppelt, dass etwa 10 cm vom Fadenende (zum Vernähen) vorsteht (siehe Zeichnung).

Mit dem doppelt gelegten Garn häkeln wir eine Luftmaschenkette von etwa 10 cm Länge. An diese wird dann der Schlüsselring genäht.

6. Bevor wir das Etui wenden, nähen wir es mit dem Anfangsfaden und einer stumpfen Wollnadel mit Überwindungsstichen zusammen.

(Selbstverständlich können wir die Luftmaschenkette mit dem Schlüsselring auch inwendig, an der zusammengenähten unteren Kante, annähen.)

■ ● ■ ● ■ ● ■ ● ■ ● ■ ● ■ ● ■ ● ■ ● ■

**Tip**

Ideal ist ein Schlüsselring, der an einem Kettchen hängt (siehe Foto). Aber dieser ist nicht leicht erhältlich.

■ ● ■ ● ■ ● ■ ● ■ ● ■ ● ■ ● ■ ● ■ ● ■

# Perlen-Geldtäschchen mit Reissverschluss

Die Breite dieser hübschen kleinen Geldtäschchen richtet sich nach der kleinsten Reissverschlusslänge, die erhältlich ist. Sie beträgt 10 cm. Dies erfordert Häkelrunden von mindestens 80 Maschen bzw. 80 Perlen. (Die Perlenzahl entspricht immer auch der Maschenzahl.)

Die Höhe des Geldtäschchens beträgt etwa 25 Runden.

**Material**

Perlen, Häkelgarn und Häkelnadel (siehe Seite 8–11)
Reissverschluss, 10 cm lang

Wenn wir das Geldtäschchen wie das Schlüsseletui – also ohne eigentliches Muster – ausführen möchten, berechnen wir die Länge der aufzufädelnden Perlenstrecke wie folgt:

4 aufgefädelte Perlen ergeben eine Strecke von 7 mm.

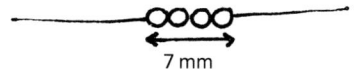

7 mm

Eine Runde hat 80 Perlen, also 20 × 7 mm = 140 mm, d. h. 14 cm aufgefädelte Perlen.

Für die Höhe von 25 Runden brauchen wir demnach eine Strecke von 25 × 14 cm = 350 cm.

Für das ganze Geldtäschchen beträgt die aufgefädelte Perlenstrecke also 3,50 m.

Wenn wir das Geldtäschchen quergestreift ausführen möchten, d. h. jeweils eine oder zwei Runden in der gleichen Farbe, kommen wir nicht darum herum, die Perlen während des Auffädelns abzuzählen.

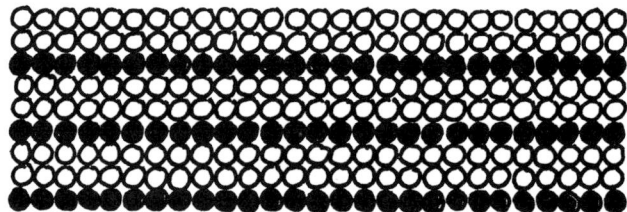

Wir fassen also jeweils 80 oder 160 Perlen einer Farbe auf, und zwar so lange, bis 25×80 Perlen aufgefädelt sind.

Besonders hübsch sind schräg verlaufende Muster. Beispiel: 7 Perlen in 2 verschiedenen Farben wechseln miteinander ab. Die Farben liegen nicht genau übereinander, sondern sind in jeder Runde um 2 Perlen verschoben:

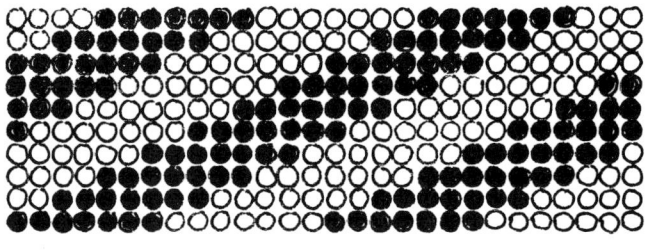

1 Mustersatz = 14 Perlen

Zuerst berechnen wir die Perlenanzahl für eine Runde.
Der Mustersatz beträgt in diesem Beispiel 14 Perlen.
Wie oben erwähnt, sollte die Perlenzahl für eine Runde nicht unter 80 liegen.
Wenn wir den Mustersatz 6mal nehmen (6×14), erhalten wir für eine Runde 84 Perlen. Diese Zahl wäre brauchbar, denn es macht nichts, wenn die Perlenzahl ein wenig über 80 liegt. Das Muster würde jedoch in senkrechten Streifen verlaufen:

Wie erhalten wir nun aber die gewünschte schräg verlaufende Streifenfolge?

Wenn wir unser gewünschtes Muster ansehen, stellen wir fest, dass sich die Farben in jeder Runde um 2 Perlen verschieben. Eine Runde weist demnach 2 Maschen (bzw. Perlen) weniger auf, als die 6 Mustersätze miteinander eigentlich brauchten:

In jeder weiteren Runde verschiebt sich das Muster von selbst um weitere 2 Maschen (bzw. Perlen)!

Wir rechnen also folgendermassen:

6 Mustersätze à 14 Perlen    = 84 Perlen
Verschiebung in einer Runde  = −2 Perlen
Eine Runde weist demnach        82 Perlen auf.

Und wie lang muss die aufgefädelte Strecke sein? Wir rechnen:

4 Perlen  =  7 mm
82 Perlen  =  20½×7 mm = ca. 14,5 cm
Eine Runde braucht also ca. 14,5 cm aufgefädelte Perlen.
Für die ganze Höhe von 25 Runden brauchen wir demnach eine Strecke von 25×14,5 cm = 3,65 m.

Wichtig: Diese ganze Strecke besteht aus Mustersätzen von je 14 Perlen!

Ein weiteres Beispiel:

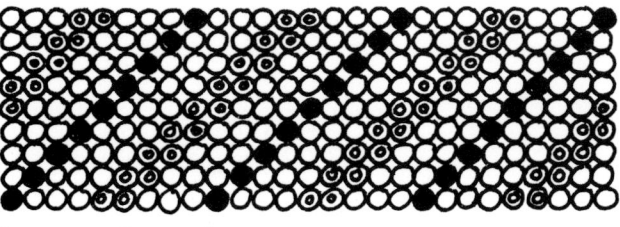

1 Mustersatz = 9 Perlen

Für dieses Perlenmuster umfasst ein Mustersatz 9 Perlen. Die Farben verschieben sich in jeder Runde um 1 Perle.

Zuerst berechnen wir die Perlenzahl für eine Runde:
1 Mustersatz beträgt 9 Perlen.
9 Mustersätze à 9 Perlen     = 81 Perlen
Verschiebung in einer Runde  = −1 Perle
Eine Runde weist demnach     80 Perlen bzw. Maschen auf.

Länge der aufgefädelten Strecke:
 4 Perlen = 7 mm
80 Perlen = 20×7 mm = 14 cm für eine Runde.
25 Runden brauchen 25 × 14 cm = 3,50 m.

Wichtig: Diese ganze Strecke besteht aus Mustersätzen von je 9 Perlen!

Wenn wir die Perlen aufgefädelt haben, schieben wir sie zum Knäuel, schlagen eine Masche an, häkeln die benötigte Anzahl Luftmaschen für eine Runde und schliessen die Luftmaschenreihe mit einer Kettmasche zu einem Kreis (siehe Seite 83).

Wir können nun zuerst eine Runde fester Maschen häkeln oder sofort mit dem Perleneinhäkeln beginnen.

Nach 25 Perlenrunden häkeln wir eine abschliessende Runde fester Maschen ohne Perlen, lassen dann vom Faden etwa 10 cm vorstehen und schneiden ihn ab.

Wir fädeln den kurzen Faden in eine dünne stumpfe Wollnadel, schliessen die Runde (siehe Zeichnung) und vernähen ihn auf der Innenseite.

Wenn wir nun den gehäkelten Gegenstand vor uns auf den Tisch legen, so stellen wir fest, dass die Perlen leicht schräg verlaufen. Diese Folge des Rund-Häkelns ist vor allem an den seitlichen Kanten gut zu sehen.

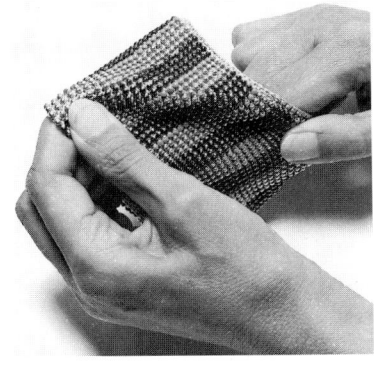

Wir versuchen deshalb mehrmals (wie wenn es sich um ein verzogenes Stoffstück handeln würde), das Gehäkelte kräftig in der Gegenrichtung zurechtzuziehen.

Wir geben uns erst zufrieden, wenn die Perlen an den seitlichen Täschchenkanten wenigstens beinahe senkrecht verlaufen.

Dann stecken wir am Ganganfang und genau gegenüber (Perlen abzählen) je eine Stecknadel ein.

Bevor das Täschchen am unteren Rand geschlossen wird, nähen wir den Reissverschluss ein.

Zuerst aber legen wir die vorstehenden Stoffteile am Reissverschlussanfang so um, wie auf der Zeichnung gezeigt, und nähen sie mit farblich passender Nähseide an.

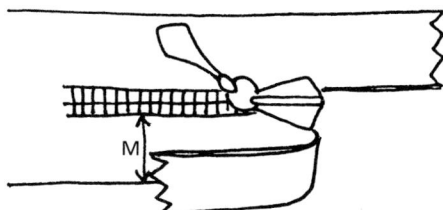

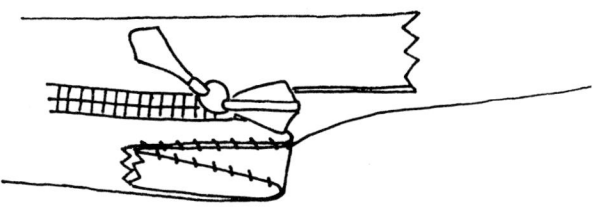

(Wir lassen den Faden eingefädelt, denn wir nähen den Reissverschluss dann mit demselben Faden an.)

Wir stecken nun den geschlossenen Reissverschluss so an den Täschchenrand, dass der Anfang des Reissverschlusses nicht neben die Stecknadel am Ganganfang, sondern zwischen die zweite und dritte Perle neben der Stecknadel zu liegen kommt, denn der Schlitten des Reissverschlusses braucht viel Platz.

Das Ende des Reissverschlusses liegt um Perlenbreite vor der anderen Stecknadel.

Wir nähen mit Steppstichen (= Hinterstiche, die aneinanderstossen), und zwar zwischen der letzten Perlenreihe und der anschliessenden Reihe fester Maschen (Doppelstich am Anfang).

Am Reissverschlussende nähen wir nur so weit, wie die Zähnchen des Reissverschlusses reichen (die letzte Masche vor der Stecknadel wird also nicht angenäht), machen einen Doppelstich, stechen auf die Innenseite und säumen die Kante des Reissverschlussstoffes mit dem Rest des Fadens an.

Die andere Reissverschlusshälfte stecken und nähen wir auf die gleiche Weise an; der Reissverschluss bleibt dabei geschlossen.

Erst zuletzt fädeln wir den Anfangsfaden in eine dünne, stumpfe Wollnadel ein und nähen den unteren Rand mit Überwindungsstichen zusammen.

# Draht-Perlenblümchen

Diese hübschen Perlenblümchen können auch von Kindern hergestellt werden, wenn eine grosse Person ein wenig hilft. Die Blümchen können als kleine Dekoration auf die Serviette gelegt oder unter das Band eines Geschenkpäckchens gesteckt werden. Aber auch an einem Jackenaufschlag sehen sie — vielleicht sogar in einer ganzen Gruppe — witzig aus.

**Material**

Perlen in verschiedenen Farben
feiner Draht (z. B. 0,3 mm)
Klebstreifen
Kreppwickelband, weiss oder grün (aus dem Bastel- oder Blumengeschäft)
eine alte Schere (zum Drahtschneiden)

**Arbeitsfolge**

1. Wir schneiden ein ca. 40 cm langes Drahtstück ab. Ca. 10 cm von einem Ende entfernt kleben wir ein Stückchen Klebstreifen um den Draht. Es verhindert das Hinausrutschen der Perlen und spart zugleich die nötige Drahtlänge für den Stiel aus.

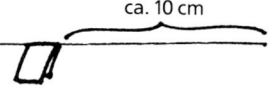

ca. 10 cm

2. Nun fassen wir abwechselnd beispielsweise 1 dunkle und 14 helle Perlen auf, und zwar im ganzen 6mal.

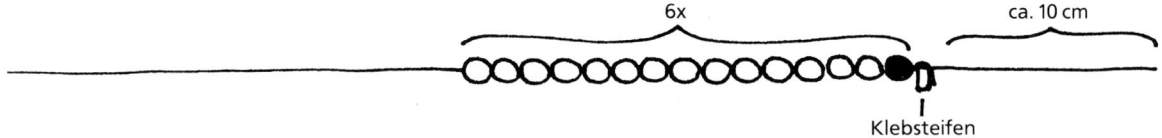

6x    ca. 10 cm

Klebsteifen

3. Wenn alle Perlen aufgefasst sind, bilden wir mit dem Draht einen Kreis und fassen mit dem Drahtende alle dunklen Perlen noch einmal auf (1).

Zuletzt fassen wir die erste dunkle Perle (siehe x in Zeichnung 2) noch einmal auf.

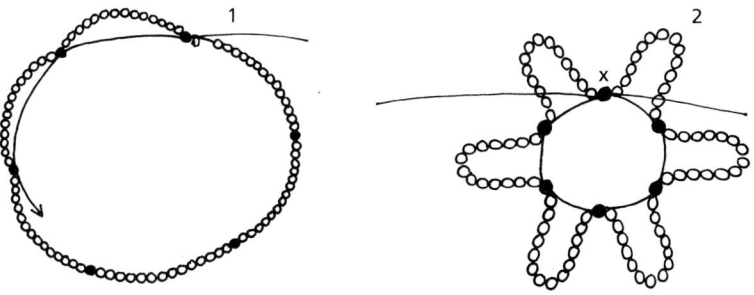

4. Jetzt ziehen wir die beiden Drahtenden kräftig auseinander: Die Perlenreihe formt sich zu einem Blümchen (3).

5. Wir halten die beiden Drahtenden nah bei den Perlen, verdrehen sie einige Male und schneiden sie auf die gewünschte Länge (Stiel) zurück. Dann stecken wir sie durch die Blümchenmitte (4) und ziehen sie kräftig nach unten.

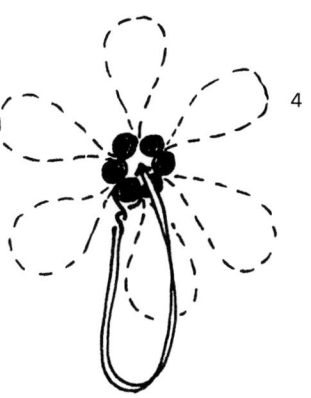

Die Blättchen können wir in verschiedenen Formen und Grüntönen herstellen.

■━ ● ━ ● ━ ● ━ ● ━ ● ━ ● ━ ● ━ ■

**Tip**

Es ist günstig, allfällige grössere Perlen aus dem Döschen an den Blatträndern zu verwenden.

■━ ● ━ ● ━ ● ━ ● ━ ● ━ ● ━ ● ━ ■

Ein Beispiel:

1. Auf ein Drahtstück von ca. 30 cm Länge fassen wir 2 Perlen auf und schieben sie in die Mitte des Drahtes. Mit einem Drahtende bilden wir einen Kreis und fassen die beiden Perlen noch einmal auf.

Wir ziehen das Drahtende gut an, achten jedoch darauf, dass sich die Perlen noch immer in der Mitte des Drahtstückes befinden.

2. Auf eines der Drahtenden (egal, auf welches) fassen wir 4 Perlen auf und biegen den Draht so um, dass die 4 Perlen unter die beiden vorherigen zu liegen kommen.

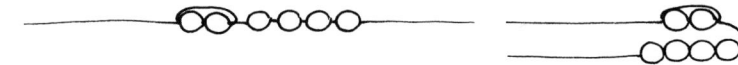

<u>3.</u> Wir schieben das andere Drahtende (von der anderen Seite her) durch die gleichen 4 Perlen und ziehen die beiden Drahtenden kräftig auseinander.

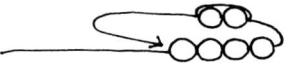

<u>4.</u> Auf eines der Drahtenden fassen wir 7 Perlen auf und biegen den Draht so um, dass die 7 neuen unter die vorherigen Perlen zu liegen kommen.

<u>5.</u> Wir schieben das andere Drahtende (von der anderen Seite her) durch die gleichen 7 Perlen und ziehen die beiden Drahtenden kräftig auseinander.

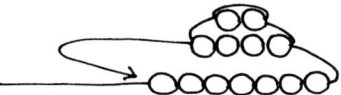

Auf diese Weise arbeiten wir weiter:

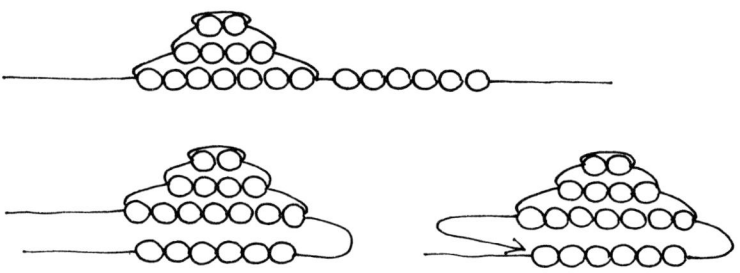

Zuletzt umwickeln wir die Stiele einzelner Blümchen oder kleiner Sträusse mit Kreppwickelband.

# Mit Perlen besticktes Lederarmband

**Material**

Weiches Leder, z. B. Lammvelours
Gestreifter oder karierter Baumwollstoff
weisser Leim (z. B. Konstruvit)
feine Nähnadel (keine Perlennadel)
starker Nähfaden (z. B. Barbobs)

**Arbeitsfolge**

1. Lederstreifen zuschneiden:
Länge = Handschlupfweite + ca. 2 cm.
Breite = 4 cm:

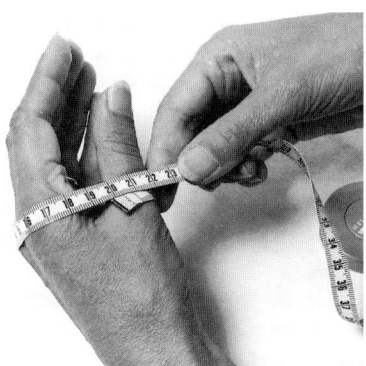

2. Mittellinie mit Kugelschreiber einzeichnen und an einem Ende die Ecken abschrägen.

97

3. Ausser den letzten 4 cm des Lederstreifens beidseits der Mittellinie eine feine Leimspur ziehen und die Lederkanten (auch die abgeschrägten Ecken!) an die Mittellinie kleben.

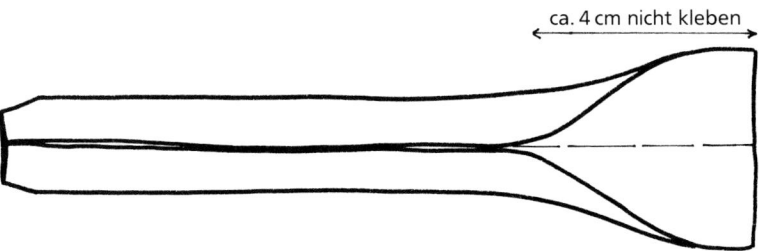

ca. 4 cm nicht kleben

4. Stoffstreifen zuschneiden:
Länge = Lederstreifen – ca. 2 cm. Breite = 3 cm.

An beiden Längskanten 7 mm breite Einschläge umbiegen (fertige Breite = 1,6 cm).

Diese Einschläge festkleben: Auf der Stoffrückseite in den Bruchkanten eine Leimspur ziehen und die Einschläge andrükken.

5. Ausser den letzten 5 cm den Stoffstreifen auf das Leder kleben.

8 mm

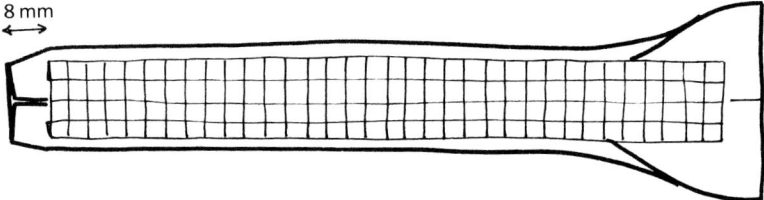

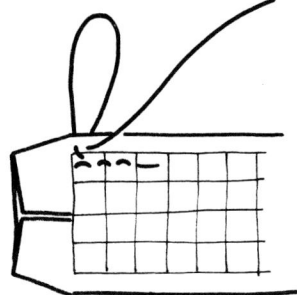

6. Das Ende eines Fadens mit 2–3 Hinterstichen am Anfang des Bandes auf dem Stoff befestigen (auf diese Weise werden alle Fäden vernäht), knapp neben dem Stoff durch das Leder auf die Bandunterseite, ca. 3 mm daneben wieder auf die Oberseite durchstechen und den Faden herausziehen.

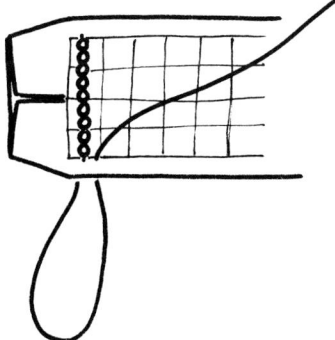

7. Ungefähr 9 Perlen auffassen (evtl. auch Stiftperlen verwenden, z. B. ○○○○⊂═⊃○○○), jedenfalls eine Perlenreihe, die der Stoffbreite entspricht.

Der Ausstichstelle gegenüber knapp neben dem Stoff auf die Bandunterseite und ca. 3 mm daneben (je nach Perlengrösse) wieder auf die Bandoberseite stechen und den Faden herausziehen.

Diesen Vorgang wiederholen, bis etwa zwei Drittel des Bandes mit Perlen übernäht sind.

■ • ■ • ■ • ■ • ■ • ■ • ■ • ■ • ■ • ■ • ■ • ■ • ■

**Tip**

Immer wieder nachsehen, ob der Faden auf der Bandunterseite keinen Knoten gebildet hat.

■ • ■ • ■ • ■ • ■ • ■ • ■ • ■ • ■ • ■ • ■ • ■ • ■

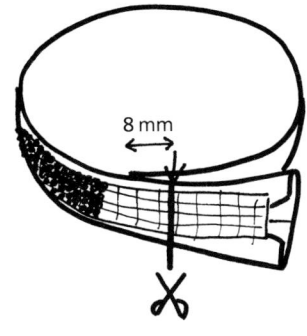

8 mm

8. Bestimmen der fertigen Weite: Band um die «Schlupfhand» legen, 8 mm müssen doppelt liegen, den Rest (Leder und Stoff) abschneiden.

9. Am Bandende auf der Lederrückseite eine Leimspur ziehen, 8 mm des Bandanfangs in das Bandende schieben, dessen Leder schön um den Bandanfang legen und festdrücken. Den losen Stoff ebenfalls ankleben und das Armband fertigstellen.

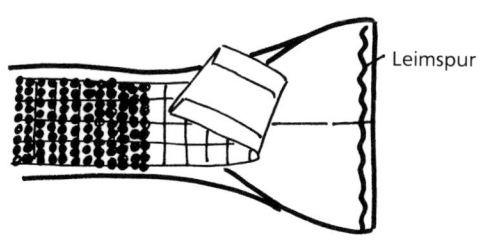
Leimspur

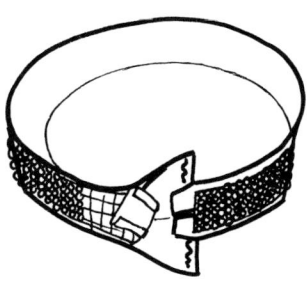

**Bezugsquellen der Autorin**

Leibundgut, Bastelboutique, Kuttelgasse 8, 8001 Zürich, Tel. 01/211 47 40
- Perlen aller Art
- vielerlei Schnickschnack für Ketten und Lämpchen
- Verschlüsse für Halsketten
- 5 cm breite Bügelchen für Portemonnaies (silber und gold)
- Perlennadeln Nr. 10

Mach Art, 8301 Glattzentrum (Nähe Bhf. Wallisellen), Tel. 01/830 33 36
- Perlen aller Art
- Verschlüsse für Halsketten
- vielerlei Schnickschnack für Ketten und Lämpchen

Pastorini, Spielzeug, Weinplatz 3, 8001 Zürich, Tel. 01/211 74 26
- Perlen aller Art
- Verschlüsse für Ketten usw.

(Perlen sind auch in vielen Bastelgeschäften, Warenhäusern usw. erhältlich.)

creative glass mhs ag, Seefeldstr. 186 (Tramhaltestelle Fröhlichstrasse), 8008 Zürich, Tel. 01/53 25 33
- Lampenfüsse und Zubehör

Martin Widmer, Triemlistr. 182, 8047 Zürich, Tel. 01/462 74 95 oder
Trudi Schmid, Säntisstr. 15, 8805 Richterswil, Tel. 01/784 00 91
- Messingreifen
  ca. 12,5 cm ∅
  ca. 18,5 cm ∅
  ca. 24 cm ∅
  ca. 30 cm ∅
- Aufhängekabel
  mit elektrischer Fassung